Jenny Carenco

Was mein Baby mag

120 Rezepte für Babys ab 5 Monaten

tandem.VERLAG

Inhaltsverzeichnis

Mein erstes
Gemüse

Kürbisbrei

Der leicht süße Geschmack des Kürbisses gefällt den Kleinen, die gerade ihre ersten Lebensmittel entdecken, aber er verführt auch die Erwachsenen, die dieses Kürbispüree als Beilage zu Geflügel oder Lamm genießen können – sobald die Gutenachtgeschichte vorgelesen ist!

ZUBEREITUNGSZEIT: 10 Minuten **GARZEIT:** 15 Minuten
FÜR 5 PORTIONEN À 100 G: 750 g Kürbis • 1 große Kartoffel (Monalisa oder andere festkochende Sorte) • 1 TL Butter • 3 Tropfen Zitronensaft

1. Den Kürbis waschen und schälen, die Kerne entfernen, das Fruchtfleisch würfeln. Die Kartoffel schälen und würfeln.

2. Das Gemüse in einem Topf mit Wasser bedecken und 15 Minuten köcheln lassen. Abtropfen lassen.

3. Das Gemüse zusammen mit der Butter und dem Zitronensaft pürieren.

Tipp
Der Zitronensaft bringt das Aroma des Kürbisses besser zur Geltung, indem er dessen etwas erdige Geschmacksnote in den Hintergrund treten lässt.

Pastinakenbrei

Gerade für Babynahrung wurde dieses lange vergessene Gemüse vor einiger Zeit wiederentdeckt – zu Recht! Das reine Aroma, die unterschwellige Süße: Pastinaken sind einfach unglaublich lecker!

ZUBEREITUNGSZEIT: 5 Minuten **GARZEIT:** 15 Minuten
FÜR 5 PORTIONEN À 100 G: 500 g Pastinaken
(3 große oder 5 kleine) • 500 ml Milch • 1 TL Butter

1. Die Pastinaken schälen und würfeln.

2. In einem Topf mit der Milch aufgießen, zum Kochen bringen und 15 Minuten auf mittlerer Stufe köcheln lassen. Abtropfen lassen, dabei 2–3 Esslöffel der Kochflüssigkeit auffangen.

3. Die Pastinaken zusammen mit der Butter und der Kochflüssigkeit pürieren.

(Foto oben)

Möhrenbrei

Immer lecker: Mit ihrem unnachahmlich mild-süßen Geschmack ist die Möhre der Baby-Liebling unter den Gemüsesorten.

ZUBEREITUNGSZEIT: 7 Minuten **GARZEIT:** 15 Minuten
FÜR 5 PORTIONEN À 100 G: 8 große Möhren • 1 TL
Sonnenblumenöl

1. Die Möhren waschen, schälen und in Scheiben schneiden.

2. In einem Topf mit Wasser bedecken und 15 Minuten köcheln lassen.

3. Abgießen und zusammen mit dem Sonnenblumenöl pürieren.

Süßkartoffelbrei

Diese süßlich schmeckende Wurzel ist schön saftig und steckt voller Vitamin A.

ZUBEREITUNGSZEIT: 5 Minuten **GARZEIT:** 15 Minuten
FÜR 5 PORTIONEN À 100 G: 3 große Süßkartoffeln mit orangefarbenem Fruchtfleisch • 1 TL Butter

1. Die Süßkartoffeln waschen, schälen und würfeln.

2. In einem Topf mit Wasser bedecken, zum Kochen bringen und 15 Minuten köcheln lassen. Abgießen.

3. Die Süßkartoffeln zusammen mit der Butter pürieren, sodass ein glattes Püree entsteht.

Erbsenbrei mit Minze

Ein leuchtend grünes Püree, luftig-leicht und mit einem süß-frischen Geschmack.

ZUBEREITUNGSZEIT: 1 Minute **GARZEIT:** 7 Minuten
FÜR 5 PORTIONEN À 100 G: 500 g Erbsen • 1 EL
Crème fraîche • 4–5 Minzeblätter

1. Am besten tiefgekühlte Bio-Erbsen verwenden.

2. Die Erbsen in einem Topf mit Wasser bedecken, zum Kochen bringen und 5–7 Minuten köcheln lassen. Abtropfen lassen.

3. Die Erbsen zusammen mit der Crème fraîche und den Minzeblättchen pürieren.

(Foto nebenstehend)

Erbsenbrei

Zwischen Gourmetkost und babysüßem Geschmack: Da jubeln die kleinen Feinschmecker!

ZUBEREITUNGSZEIT: 1 Minute **GARZEIT:** 7 Minuten
FÜR 5 PORTIONEN À 100 G: 500 g Erbsen • 1 EL
Crème fraîche

1. Am besten tiefgekühlte Bio-Erbsen verwenden.

2. Die Erbsen in einem Topf mit Wasser bedecken, zum Kochen bringen und 5–7 Minuten köcheln lassen. Abtropfen lassen.

3. Die Erbsen zusammen mit der Crème fraîche pürieren.

Blumenkohlbrei

Schluss mit den Tränen am Mittagstisch: Der Blumenkohl schmeckt so mild, dass Ihr Baby bestimmt mehr davon will!

ZUBEREITUNGSZEIT: 5 Minuten **GARZEIT:** 15 Minuten
FÜR 5 PORTIONEN À 100 G: 500 g Blumenkohlröschen •
500 ml Milch • 1 TL Butter

1. Die Blumenkohlröschen waschen und klein schneiden.

2. Die Milch in einem Topf zum Kochen bringen, den Blumenkohl hineingeben und auf niedrigster Stufe 15 Minuten köcheln lassen. Achtung: Die Milch kann leicht überkochen!

3. Abtropfen lassen, dabei ein wenig Kochflüssigkeit auffangen.

4. Den Blumenkohl zusammen mit der Butter pürieren. Für ein noch cremigeres Ergebnis die zurückbehaltene Kochflüssigkeit einrühren.

(Foto oben)

Grüne-Bohnen-Brei

Vielleicht noch etwas ungewohnt: Die leckere Einführung in einen reinen, unverfälschten Gemüsegeschmack.

ZUBEREITUNGSZEIT: 5 Minuten **GARZEIT:** 10 Minuten
FÜR 5 PORTIONEN À 100 G: 500 g grüne Bohnen • 1 TL
Olivenöl

1. Die Bohnen waschen und putzen.

2. In einem Topf mit Wasser bedecken, zum Kochen bringen und ohne Deckel 10 Minuten köcheln lassen. Abtropfen lassen, dabei 2 Esslöffel der Kochflüssigkeit auffangen.

3. Die Bohnen zusammen mit dem Olivenöl und der Kochflüssigkeit pürieren.

Brokkolibrei

ZUBEREITUNGSZEIT: 5 Minuten **GARZEIT:** 10 Minuten
FÜR 5 PORTIONEN À 100 G: 600 g Brokkoliröschen • 1 TL Olivenöl

1. Die Brokkoliröschen waschen und klein schneiden. In einem Topf mit Wasser bedecken, zum Kochen bringen und ohne Deckel 10 Minuten köcheln lassen.

2. Abtropfen lassen, dabei 2 Esslöffel Kochflüssigkeit auffangen. Die Brokkoliröschen zusammen mit dem Olivenöl und der Kochflüssigkeit pürieren.

Zucchinibrei mit Parmesan

*Wecken Sie bei Ihrem Baby die Lust auf mediterrane Genüsse –
mit seinem ersten italienischen Gericht!*

ZUBEREITUNGSZEIT: 5 Minuten **GARZEIT:** 7 Minuten
FÜR 5 PORTIONEN À 100 G: 600 g Zucchini (etwa 6 große) ● 1 TL
Olivenöl ● 30 g geriebener Parmesan

1. Die Zucchini waschen und in Scheiben schneiden. In einer Pfanne
   im Olivenöl auf mittlerer Stufe andünsten. Den Deckel auflegen
   und die Zucchini 7 Minuten schmoren lassen, dabei gelegentlich
   umrühren.

2. Vom Herd nehmen und zusammen mit dem Parmesan pürieren.

Tipp

Um den Geschmack der
Zucchini etwas mehr
hervorzuheben, eine
Knoblauchzehe mit in die
Pfanne geben; vor dem
Pürieren wieder
herausnehmen.

Brei aus gedünstetem Wurzelgemüse

Ein Brei mit vielfältigen Gemüsearomen.

ZUBEREITUNGSZEIT: 12 Minuten **GARZEIT:** 15 Minuten
FÜR 5 PORTIONEN À 100 G: 2 Süßkartoffeln • 2 weiße
Rüben • 2 Steckrüben • 2 Pastinaken • 1 EL Olivenöl

1. Das Gemüse waschen, schälen und putzen.

2. Alles in kleine Stücke schneiden.

3. Das Gemüse in einem Topf im Olivenöl andünsten.
Sobald es Farbe angenommen hat, wenig Wasser
hinzugeben und alles 15 Minuten köcheln lassen.

4. Mit einer Messerspitze prüfen, ob das Gemüse gut
durchgegart ist. Abtropfen lassen und zu einem glatten Brei pürieren.

(Foto nebenstehend)

Fenchel-Tomaten-Brei

*Ein kleiner Gruß aus der provençalischen Küche.
Groß und Klein schwärmen für diesen Brei mit seinem ganz leichten Anisgeschmack.*

ZUBEREITUNGSZEIT: 10 Minuten **GARZEIT:** 15 Minuten
FÜR 5 PORTIONEN À 100 G: 2 Fenchelknollen •
8 Tomaten • 1 TL Olivenöl

1. Fenchel und Tomaten waschen. Den Fenchel von
Strunkansatz und Stielen befreien und in dünne
Scheiben schneiden; die Tomaten würfeln.

2. Den Fenchel in einem Topf mit Wasser bedecken,
zum Kochen bringen und 10 Minuten köcheln lassen.

3. Die Tomatenwürfel hinzugeben und 5 Minuten mit-
kochen. Abtropfen lassen.

4. Fenchel und Tomaten zusammen mit dem Olivenöl
pürieren.

Mein erstes *Obst*

Apfelmus

Mehr braucht es nicht – Äpfel sind das beste Mittel, Ihr Baby an sein erstes Obst heranzuführen. Schmeckt am besten als kleine Zwischenmahlzeit im Schatten blühender Apfelbäume ...

ZUBEREITUNGSZEIT: 10 Minuten **GARZEIT:** 15 Minuten
FÜR 5 PORTIONEN À 100 G: 5 süße Äpfel der Sorte Boskop

1. Die Äpfel waschen und schälen, entkernen und würfeln.

2. Die Apfelwürfel in einem Topf bis zur Hälfte mit Wasser aufgießen, zum Kochen bringen. Danach auf mittlerer Stufe ohne Deckel 15 Minuten köcheln lassen. Übrig gebliebene Kochflüssigkeit auffangen.

3. Überprüfen, ob die Äpfel schön zart sind. Zu einem glatten Brei pürieren. Für ein noch cremigeres Ergebnis die Kochflüssigkeit einrühren.

Tipp

Ist Ihr Baby schon nicht mehr so klein? Damit es ganz behutsam auch stückige Kost entdecken kann, probieren Sie hier doch einmal aus, die Äpfel nicht zu pürieren, sondern nur etwas mit der Gabel zu zerdrücken und Ihrem Kind lauwarm zu servieren. So schmeckt es auch den Großen – zum Beispiel zu einer Kugel Vanilleeis.

Apfelmus mit Vanille

Einige Körnchen Vanille geben dem klassischen Apfelkompott ein klein wenig Exotik. Pur oder zusammen mit einem cremigen Quark: ein köstliches und gesundes Dessert!

ZUBEREITUNGSZEIT: 10 Minuten **GARZEIT:** 15 Minuten
FÜR 5 PORTIONEN À 100 G: 5 süße Äpfel der Sorte Boskop • 1 TL Bourbon-Vanillepulver

1. Die Äpfel waschen und schälen, entkernen und würfeln.

2. Die Apfelwürfel in einem Topf bis zur Hälfte mit Wasser aufgießen, das Vanillepulver hinzugeben und alles zum Kochen bringen. Danach auf mittlerer Stufe ohne Deckel 15 Minuten köcheln lassen. Übrig gebliebene Kochflüssigkeit auffangen.

3. Überprüfen, ob die Äpfel schön zart sind. Zu einem glatten Brei pürieren. Für ein noch cremigeres Ergebnis die Kochflüssigkeit einrühren.

(Foto oben)

Apfelmus mit Zimt

Hmm – der verlockende Duft von Äpfeln mit einer Prise Zimt, die sanft vor sich hin köcheln! Für uns ist das eine schöne Kindheitserinnerung, und für Ihr Baby wird es auch eine werden.

ZUBEREITUNGSZEIT: 10 Minuten **GARZEIT:** 15 Minuten
FÜR 5 PORTIONEN À 100 G: 5 süße Äpfel der Sorte Boskop • 1/2 TL gemahlener Zimt

1. Die Äpfel waschen und schälen, entkernen und würfeln.

2. Die Apfelwürfel in einem Topf bis zur Hälfte mit Wasser aufgießen, den Zimt hinzugeben und alles zum Kochen bringen. Danach auf mittlerer Stufe ohne Deckel 15 Minuten köcheln lassen. Übrig gebliebene Kochflüssigkeit auffangen.

3. Überprüfen, ob die Äpfel schön zart sind. Zu einem glatten Brei pürieren. Für ein noch cremigeres Ergebnis die Kochflüssigkeit einrühren.

Apfel-Bananen-Kompott

Cremige Konsistenz, runder, leicht exotischer Geschmack: Dieses Kompott ist ein absoluter Baby-Favorit. Also nicht zögern, sondern ganz viel davon kochen und auf Vorrat einfrieren!

ZUBEREITUNGSZEIT: 10 Minuten **GARZEIT:** 15 Minuten **FÜR 5 PORTIONEN À 100 G:** 3 süße Äpfel der Sorte Boskop ● 2 reife Bananen ● 1/2 TL gemahlener Zimt

1. Die Äpfel waschen und schälen, entkernen und würfeln. Die Bananen schälen und in Scheiben schneiden.

2. Die Apfel- und Bananenstücke in einem Topf bis zur Hälfte mit Wasser aufgießen, den Zimt hinzugeben und alles zum Kochen bringen. Danach auf mittlerer Stufe ohne Deckel 15 Minuten köcheln lassen. Übrig gebliebene Kochflüssigkeit auffangen.

3. Überprüfen, ob die Äpfel schön zart sind. Zu einem glatten Brei pürieren, für ein noch cremigeres Ergebnis die Kochflüssigkeit einrühren.

Birnenmus

Die Birne garantiert mit ihrer leicht körnigen Textur und ihrem frischen, duftigen Aroma ein wahres Geschmackserlebnis.

ZUBEREITUNGSZEIT: 10 Minuten
GARZEIT: 15 Minuten
FÜR 5 PORTIONEN À 100 G: 6 Birnen der Sorte Williams Christ

1. Die Birnen waschen und schälen, entkernen und würfeln.

2. Die Birnenstücke in einem Topf bis zur Hälfte mit Wasser aufgießen und zum Kochen bringen. Danach auf mittlerer Stufe ohne Deckel 15 Minuten köcheln lassen. Übrig gebliebene Kochflüssigkeit auffangen.

3. Überprüfen, ob die Birnen schön zart sind. Zu einem glatten Brei pürieren. Für ein noch cremigeres Ergebnis die Kochflüssigkeit einrühren.

Birnenmus mit Kardamom

Die perfekte Begegnung zweier aus Asien stammender Delikatessen: Die butterweiche Birne, ursprünglich aus China, passt hervorragend zum duftenden Kardamom aus Indien.

ZUBEREITUNGSZEIT: 10 Minuten **GARZEIT:** 15 Minuten
FÜR 5 PORTIONEN À 100 G: 6 Birnen der Sorte
Williams Christ • 1/2 TL gemahlener Kardamom

1. Die Birnen waschen und schälen, entkernen und würfeln.

2. Die Birnenstücke in einem Topf bis zur Hälfte mit Wasser aufgießen, den Kardamom hinzugeben und alles zum Kochen bringen. Danach auf mittlerer Stufe ohne Deckel 15 Minuten köcheln lassen. Übrig gebliebene Kochflüssigkeit auffangen.

3. Überprüfen, ob die Birnen schön zart sind. Zu einem glatten Brei pürieren. Für ein noch cremigeres Ergebnis die Kochflüssigkeit einrühren.

Apfel-Birnen-Brei

Das ideale Duo für die ersten fruchtigen Erfahrungen Ihres Babys.

ZUBEREITUNGSZEIT: 10 Minuten **GARZEIT:** 15 Minuten
FÜR 5 PORTIONEN À 100 G: 3 süße Äpfel der Sorte
Boskop oder Golden Delicious • 3 saftige Birnen der
Sorte Williams Christ

1. Äpfel und Birnen waschen und schälen, entkernen und würfeln.

2. Die Apfel- und Birnenstücke in einem Topf bis zur Hälfte mit Wasser aufgießen und zum Kochen bringen. Danach auf mittlerer Stufe ohne Deckel 15 Minuten köcheln lassen. Übrig gebliebene Kochflüssigkeit auffangen.

3. Überprüfen, ob die Früchte schön zart sind. Zu einem glatten Brei pürieren. Für ein noch cremigeres Ergebnis die Kochflüssigkeit einrühren.

Erdbeer-Bananen-Brei

Hier treffen sich zwei Kontinente, um einen Brei zu zaubern, der im Munde zergeht: Die liebliche Erdbeere aus Südamerika und die vollmundige Banane aus Indonesien. Cremig und bonbonsüß.

ZUBEREITUNGSZEIT: 10 Minuten **GARZEIT:** 10 Minuten
FÜR 5 PORTIONEN À 100 G: 300 g Erdbeeren •
2 Bananen

1. Die Erdbeeren sorgfältig waschen und putzen, die Bananen schälen und in Scheiben schneiden.

2. Die Erdbeeren in einen Topf legen und mit der Gabel zerdrücken, damit sie Saft abgeben. Die Bananen und 2 Esslöffel Wasser hinzugeben. Ohne Deckel 10 Minuten köcheln lassen.

3. Gelegentlich prüfen, ob die Mischung zu trocken wird; falls ja, noch etwas Wasser zugeben.

4. Vom Herd nehmen und zu einem glatten Brei pürieren.

(Foto oben)

Erdbeermus

Hier stört nichts den puren Erdbeergeschmack. Und die Babys lieben das strahlende Rot auf ihrem Teller!

ZUBEREITUNGSZEIT: 10 Minuten **GARZEIT:** 5 Minuten
FÜR 5 PORTIONEN À 100 G: 500 g Erdbeeren

1. Die Erdbeeren sorgfältig waschen und putzen.

2. In einen Topf legen und mit der Gabel zerdrücken, damit sie Saft abgeben. Ohne Deckel auf niedriger Stufe 5 Minuten köcheln lassen.

3. Gelegentlich prüfen, ob das Mus zu trocken wird; falls ja, noch etwas Wasser zugeben.

4. Vom Herd nehmen und zu einem glatten Brei pürieren.

(Foto nebenstehend)

Mango-Bananen-Brei

Eine Doppelportion Exotik für kleine Obst-Abenteurer! Die weiche, frisch schmeckende Mango rundet den Geschmack der Banane optimal ab.

ZUBEREITUNGSZEIT: 10 Minuten **GARZEIT:** 10 Minuten
FÜR 5 PORTIONEN À 100 G: 4 große, reife Mangos •
3 Bananen

1. Die Mangos schälen und putzen, in zwei Hälften schneiden und den Stein entfernen. Das Fruchtfleisch in kleine Stücke schneiden.

2. Die Bananen schälen und in kleine Stücke schneiden.

3. Die Obststücke in einen Topf geben und bis zur Hälfte mit Wasser aufgießen. Zum Kochen bringen und zugedeckt 10 Minuten köcheln lassen. Die Kochflüssigkeit auffangen.

4. Die Früchte zu einem glatten Brei pürieren. Für ein noch cremigeres Ergebnis etwas Kochflüssigkeit einrühren.

(Foto nebenstehend)

Mangomus

Eine saftig-süße Fahrkarte direkt in die Tropen – und ganz ohne Sonnenbrandgefahr!

ZUBEREITUNGSZEIT: 10 Minuten **GARZEIT:** 10 Minuten
FÜR 5 PORTIONEN À 100 G: 3 große, reife Mangos
(600 g Fruchtfleisch)

1. Die Mangos in zwei Hälften schneiden und den Stein entfernen. Die Hälften schälen und das Fruchtfleisch in kleine Stücke schneiden. Auch das Fruchtfleisch, das noch am Kern hängt, verwerten.

2. Die Mangostücke in einen Topf geben und bis zur Hälfte mit Wasser aufgießen. Zum Kochen bringen und zugedeckt 10 Minuten köcheln lassen. Die Kochflüssigkeit auffangen.

3. Die Mangos zu einem glatten Brei pürieren. Für ein noch cremigeres Ergebnis etwas Kochflüssigkeit einrühren.

Mirabellenmus mit braunem Zucker

Ein süß duftender Brei von goldener Farbe, den die Kleinen im Sommer frisch genießen oder im Winter zum Aufwärmen lauwarm essen können.

ZUBEREITUNGSZEIT: 10 Minuten **GARZEIT:** 15 Minuten
FÜR 5 PORTIONEN À 100 G: 750 g süße Mirabellen ●
2 EL brauner Zucker

1. Die Mirabellen waschen, jeweils in zwei Hälften schneiden und den Stein entfernen.

2. In einen Topf geben und bis zur Hälfte mit Wasser aufgießen. Zum Kochen bringen und ohne Deckel 15 Minuten köcheln lassen.

3. Nach der Hälfte der Kochzeit den Zucker hinzugeben; rühren, damit er sich auflöst.

4. Wenn die Mirabellen schön weich gekocht sind, die Kochflüssigkeit auffangen.

5. Die Mirabellen mit etwas Kochflüssigkeit zu einem glatten Kompott pürieren.

(Foto oben)

Nektarinenmus

Ein erfrischendes und leichtes Kompott voller Vitamine und Mineralstoffe. Schmeckt pur oder mit einem Häubchen aus cremigem Quark.

ZUBEREITUNGSZEIT: 10 Minuten **GARZEIT:** 10 Minuten
FÜR 5 PORTIONEN À 100 G: 11 sehr reife Nektarinen ●
1 EL brauner Zucker

1. Die Nektarinen waschen, jeweils den Stein entfernen und das Fruchtfleisch in Stücke schneiden.

2. In einen Topf geben und bis zu einem Drittel mit Wasser aufgießen. Zugedeckt auf mittlerer Stufe 6–7 Minuten köcheln lassen. Den Zucker hinzugeben.

3. Prüfen, ob die Nektarinen schön zart sind, abtropfen lassen und übrig gebliebene Kochflüssigkeit auffangen.

4. Alles pürieren. Für ein noch cremigeres Ergebnis etwas Kochflüssigkeit einrühren.

(Foto nebenstehend)

Mein erstes Gemüse –
raffiniert variiert

Tipp

Ist eine frische Ananas gerade nicht zu bekommen? Dann nehmen Sie einfach tiefgekühlte – die hat den Vorteil, dass sie schon geputzt und in Stücke geschnitten ist.

Möhren-Ananas-Brei

Wagen Sie mal etwas Neues: eine Begegnung zwischen tropischer Frucht und heimischem Gartengemüse. Äußerst lecker!

ZUBEREITUNGSZEIT: 10 Minuten **GARZEIT:** 15 Minuten
FÜR 5 PORTIONEN À 100 G: 6 Möhren • 3 Scheiben frische Ananas
(ca. 150 g)

1. Die Möhren waschen und schälen, dann in Scheiben schneiden. Die Ananasscheiben schälen, das zähe Mittelstück entfernen und das Fruchtfleisch in Stücke schneiden.

2. Möhren und Ananas in einem Topf mit Wasser bedecken und 15 Minuten köcheln lassen. Abtropfen lassen.

3. Pürieren, dabei darauf achten, dass die Fasern der Ananas nicht mehr zu sehr hervorstechen.

Möhrenbrei mit Sellerie und grünem Apfel

Diese außergewöhnliche Kombination – besonders den Auftritt des grünen Apfels – lässt sich Ihr Baby so richtig schmecken. Und die Eltern klauen die Idee, um damit bei der nächsten Essenseinladung ihre Freunde zu beeindrucken …

ZUBEREITUNGSZEIT: 10 Minuten **GARZEIT:** 15 Minuten
FÜR 5 PORTIONEN À 100 G: 6 Möhren • 1 Apfel der Sorte Granny Smith • 1 Stange Sellerie

1. Möhren und Apfel waschen und schälen, die Apfelkerne entfernen, den Sellerie waschen und putzen.

2. Die Möhren in Scheiben, Apfel und Sellerie in kleine Stücke schneiden.

3. Möhren und Sellerie in einem Topf mit Wasser bedecken, zum Kochen bringen und 10 Minuten köcheln lassen. Die Apfelstücke hinzugeben und alles weitere 5 Minuten köcheln lassen.

4. Abtropfen lassen, alles zu einem sämigen Brei pürieren.

(Foto oben)

Süßkartoffelbrei mit Gewürznelken

Das kitzelt Babys Geschmacksnerven: ein samtiger Brei aus süßer Kartoffel und duftendem Gewürz.

ZUBEREITUNGSZEIT: 5 Minuten **GARZEIT:** 15 Minuten
FÜR 5 PORTIONEN À 100 G: 3 große Süßkartoffeln mit orangefarbenem Fruchtfleisch • 1 TL Butter • 1/2 TL gemahlene Nelken

1. Die Süßkartoffeln waschen, schälen und würfeln.

2. In einem Topf mit Wasser bedecken, zum Kochen bringen und 15 Minuten köcheln lassen. Abgießen.

3. Zusammen mit der Butter und den Nelken cremig pürieren.

Süßkartoffelbrei mit Clementinensaft

Eine neue Geschmackserfahrung für Ihr Baby: Dieser vitaminreiche Brei verbindet die süßen Aromen der Kartoffel mit einer leicht säuerlich-zitronigen Note.

ZUBEREITUNGSZEIT: 7 Minuten
GARZEIT: 15 Minuten
FÜR 5 PORTIONEN À 100 G: 3 große Süßkartoffeln mit orangefarbenem Fruchtfleisch • 3 Clementinen • 1 TL Butter

1. Die Süßkartoffeln waschen, schälen und würfeln.

2. In einem Topf mit Wasser bedecken, zum Kochen bringen und 15 Minuten köcheln lassen. Unterdessen die Clementinen auspressen.

3. Die Süßkartoffeln abgießen. Zusammen mit der Butter und dem Clementinensaft pürieren.

Erbsenbrei mit Dill

Einer der Klassiker der Babyküche – aber mit einem verwegenen Touch. Davon können Klein und Groß nicht genug bekommen!

ZUBEREITUNGSZEIT: 1 Minute **GARZEIT:** 7 Minuten
FÜR 5 PORTIONEN À 100 G: 500 g Erbsen • 1 Stängel Dill • 1 EL Crème fraîche

1. Am besten tiefgekühlte Bio-Erbsen verwenden.

2. Die Erbsen in einem Topf mit Wasser bedecken, zum Kochen bringen und 5–7 Minuten köcheln lassen. Unterdessen den Dill hacken. Die Erbsen abtropfen lassen.

3. Die Erbsen zusammen mit der Crème fraîche und dem Dill pürieren.

Erbsenbrei mit Gurke

Diese ungewöhnliche Zusammenkunft ist ein purer Genuss: Die zarte Frische der Gurke rundet den Geschmack der Erbsen perfekt ab.

ZUBEREITUNGSZEIT: 5 Minuten **GARZEIT:** 7 Minuten
FÜR 5 PORTIONEN À 100 G: 400 g Erbsen • 1/3 Salatgurke

1. Am besten tiefgekühlte Bio-Erbsen verwenden.

2. Die Gurke waschen, schälen, entkernen und in kleine Würfel schneiden.

3. Erbsen und Gurkenwürfel in einem Topf mit Wasser bedecken, zum Kochen bringen und 5–7 Minuten köcheln lassen. Abtropfen lassen und pürieren.

(Foto rechts)

Brokkoli-Pastinaken-Brei

Eine perfekte Gemüsekombination: Die Süße der Pastinaken wirkt abschwächend auf den etwas stärkeren Geschmack des Brokkoli. Die köstlichste Art und Weise, Ihrem Kind Brokkoli nahezubringen.

ZUBEREITUNGSZEIT: 7 Minuten **GARZEIT:** 15 Minuten
FÜR 5 PORTIONEN À 100 G: 400 g Brokkoliröschen •
200 g Pastinaken (2 kleine) • 1 TL Butter

1. Brokkoli und Pastinaken waschen.

2. Die Brokkoliröschen klein schneiden, die Pastinaken schälen und würfeln.

3. Das Gemüse in einem Topf mit Wasser bedecken, zum Kochen bringen und ohne Deckel 15 Minuten köcheln lassen. 2 Esslöffel der Kochflüssigkeit auffangen.

4. Das Gemüse zusammen mit der Butter und der Kochflüssigkeit pürieren.

(Foto nebenstehend)

Brokkoli-Birnen-Brei

Eine weitere mutige, aber delikate Geschmackskombination aus italienischem Gemüse und chinesischer Frucht.

ZUBEREITUNGSZEIT: 7 Minuten **GARZEIT:** 10 Minuten
FÜR 5 PORTIONEN À 100 G: 500 g Brokkoliröschen •
1 große Birne • 1 TL Butter

1. Brokkoli und Birne waschen.

2. Die Brokkoliröschen klein schneiden, die Birne schälen, entkernen und würfeln.

3. Die Brokkoli in einem Topf mit Wasser bedecken, zum Kochen bringen und ohne Deckel 5 Minuten köcheln lassen. Die Birnenwürfel hinzugeben und weitere 5 Minuten köcheln lassen.

4. Abtropfen lassen, dann alles zusammen mit der Butter pürieren.

(Foto oben)

Pastinaken-Steckrüben-Brei

Ein Hauch Nostalgie klingt hier an: Vielleicht hat schon Ihre Großmutter aus diesen Wurzelgemüsen Brei gemacht – heute werden sie von Ihrem Baby begeistert wiederentdeckt!

ZUBEREITUNGSZEIT: 7 Minuten **GARZEIT:** 15 Minuten
FÜR 5 PORTIONEN À 100 G: 300 g Pastinaken
(2 große oder 3 kleine) • 200 g Steckrüben (4 Stück) •
1 EL Butter

1. Pastinaken und Steckrüben waschen, schälen und würfeln.

2. Das Gemüse in einem Topf mit Wasser bedecken, zum Kochen bringen und 15 Minuten köcheln lassen. Abtropfen lassen, dabei ein wenig Kochflüssigkeit auffangen.

3. Pastinaken und Steckrüben zusammen mit der Butter und der Kochflüssigkeit cremig pürieren.

Mais-Mango-Brei

Eine glückliche Mischung aus Getreide und Obst – superlecker und glutenfrei.

ZUBEREITUNGSZEIT: 5 Minuten **GARZEIT:** 12 Minuten
FÜR 5 PORTIONEN À 100 G: 1 Mango • 450 Mais,
tiefgekühlt oder aus der Dose (ohne Salzzusatz)

1. Die Mango in zwei Hälften schneiden, den Kern entfernen. Die Hälften schälen, das Fruchtfleisch würfeln, dabei auch das Fruchtfleisch, das noch am Kern hängt, verwerten.

2. Den Mais in einem Topf mit Wasser bedecken und 10 Minuten köcheln lassen. Abtropfen lassen. Den Topf mit dem Mais wieder auf den Herd stellen, die Mangowürfel hinzugeben und alles noch einmal 1–2 Minuten erhitzen.

3. Vom Herd nehmen und pürieren.

(Foto rechts)

Tipp

Kochen Sie für die Tage vor, an denen Sie keine Zeit dafür haben, in der Küche zu stehen. Frieren Sie den Brei gleich in kleinen Einzelportionen ein – so müssen Sie, wenn es eilt, nur noch ein kleines Gefäß aus dem Eisfach nehmen. Und in nur 2 Minuten kommt leckere Hausmannskost auf den Tisch!

Spinat-Süßkartoffel-Brei mit Ziegenfrischkäse

Etwas Neues zum Thema Spinat: Trifft das oft ungeliebte Gemüse auf Süßkartoffeln und frischen Käse, wird es zum Liebling von Klein und Groß!

ZUBEREITUNGSZEIT: 7 Minuten
GARZEIT: 15 Minuten
FÜR 5 PORTIONEN À 100 G: 2 große Süßkartoffeln mit orangefarbenem Fruchtfleisch • 300 g Blattspinat, tiefgekühlt • 50 g Ziegenfrischkäse

1. Die Süßkartoffeln waschen, schälen und würfeln.

2. Süßkartoffeln und Spinat in einem Topf mit Wasser bedecken, zum Kochen bringen und 15 Minuten köcheln lassen.

3. Gut abtropfen lassen. Zusammen mit dem Ziegenfrischkäse pürieren.

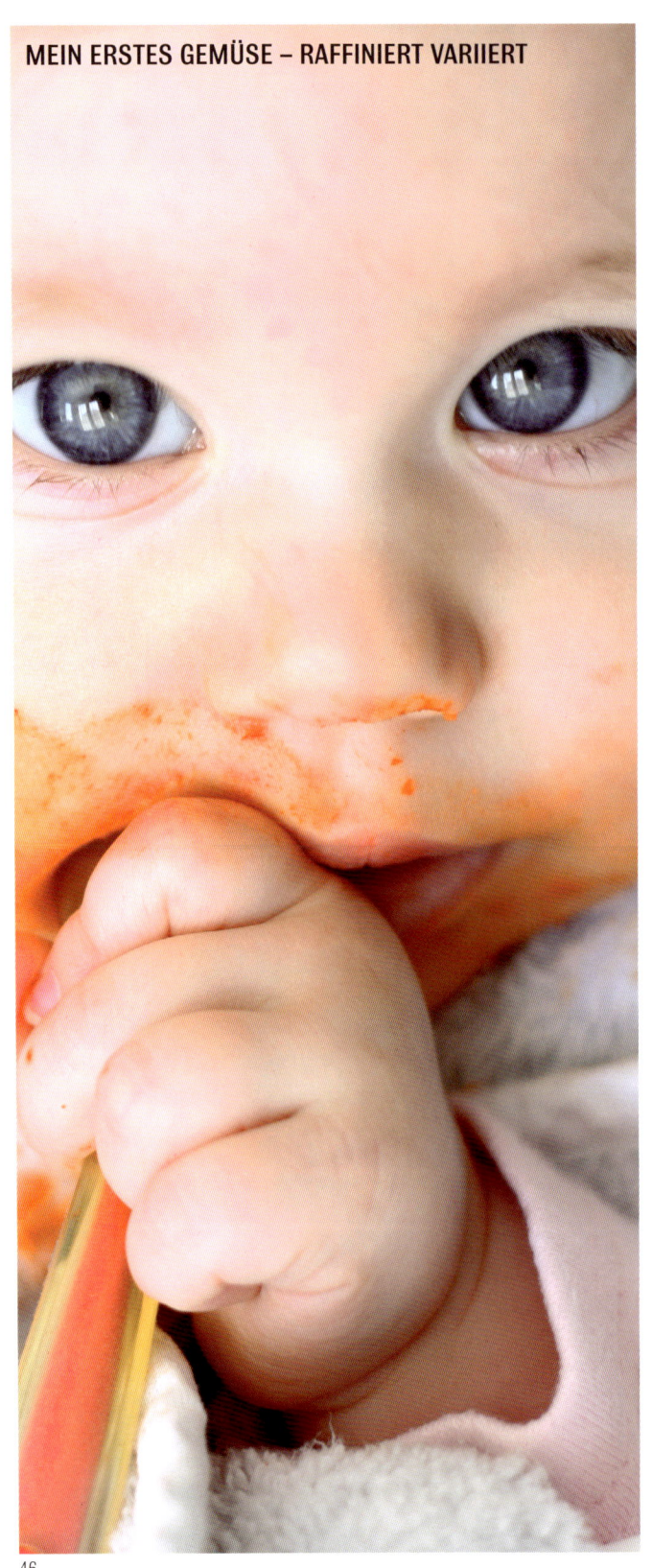

Kürbisbrei mit Salbei

Das Lieblingskraut der Zauberer trifft auf das Halloween-Gemüse: Dieser Brei ist nicht nur köstlich, sondern bestimmt auch ein bisschen magisch!

ZUBEREITUNGSZEIT: 10 Minuten **GARZEIT:** 15 Minuten
FÜR 5 PORTIONEN À 100 G: 750 g Kürbis • 1 große
Kartoffel (Monalisa oder andere festkochende
Sorte) • 7–8 Salbeiblätter • 1 TL Butter • 3 Tropfen
Zitronensaft

1. Den Kürbis waschen und schälen, die Kerne entfernen, das Fruchtfleisch würfeln. Die Kartoffel schälen und würfeln.

2. Das Gemüse in einem Topf mit Wasser bedecken und 15 Minuten köcheln lassen. Unterdessen die Salbeiblätter hacken. Das Gemüse abtropfen lassen.

3. Kürbis und Kartoffel zusammen mit der Butter, dem Zitronensaft und dem Salbei pürieren.

(Foto nebenstehend)

Pastinakenbrei mit Estragon

ZUBEREITUNGSZEIT: 5 Minuten **GARZEIT:** 15 Minuten
FÜR 5 PORTIONEN À 100 G: 500 g Pastinaken
(3 große oder 5 kleine) • 500 ml Milch • 6–7 Estragonblätter • 1 TL Butter

1. Die Pastinaken waschen, schälen und würfeln.

2. Die Pastinakenwürfel in einem Topf mit der Milch bedecken, zum Kochen bringen und 15 Minuten köcheln lassen. Unterdessen den Estragon hacken. Abtropfen lassen, dabei ein wenig Kochflüssigkeit auffangen.

3. Die Pastinaken zusammen mit der Butter und dem Estragon pürieren. Für ein noch cremigeres Ergebnis die Kochflüssigkeit einrühren.

Meine ersten *Mahlzeiten*

Tipp

Auch die Erwachsenen mögen dieses pikante Rezept. Sie können im Handumdrehen ein Essen für 4 Personen zubereiten, wenn Sie die Mengenangaben der Zutaten mit 4 multiplizieren – außer beim Fleisch. Hier rechnet man 150 Gramm pro Person.

Pastinaken-Apfel-Püree mit Kalbsschnitzel

Der prickelnde Geschmack des grünen Apfels fordert die milden Pastinaken und das zarte Kalbfleisch heraus. Das Ergebnis ist ein Gericht, das Babys, Kindern und Erwachsenen schmeckt.

ZUBEREITUNGSZEIT: 10 Minuten **GARZEIT:** 15 Minuten
FÜR 1 PORTION À 200 G: 1–2 Pastinaken (150 g) • 1/2 Apfel der Sorte Granny Smith • 1/4 Schalotte • 20 g Kalbsschnitzel • 1 TL Sonnenblumenöl • 500 ml Milch

1. Pastinaken und Apfel waschen, schälen und würfeln; die Apfelkerne entfernen. Die Schalotte schälen und hacken. Das Fleisch in Stücke schneiden.

2. Das Fleisch zusammen mit der Zwiebel im Öl anbräunen. Beiseitestellen.

3. Die Pastinaken in einem Topf mit der Milch aufgießen. Zum Kochen bringen und 15 Minuten köcheln lassen. 5 Minuten vor Ende der Kochzeit die Apfelwürfel hinzugeben. Wenn Pastinaken und Apfel weich gekocht sind, abtropfen lassen, dabei etwas Kochflüssigkeit auffangen.

4. Pastinaken und Apfel zusammen mit dem Fleisch pürieren. Für ein noch cremigeres Ergebnis mit der Kochflüssigkeit verrühren.

Spinat-Süßkartoffel-Püree mit Schinken

Ihr Baby an den Geschmack von Spinat zu gewöhnen, ist ein Kinderspiel durch diese leckere Kombination mit Süßkartoffel und Schinken.

ZUBEREITUNGSZEIT: 5 Minuten **GARZEIT:** 10 Minuten
FÜR 1 PORTION À 200 G: 1 große Süßkartoffel (100 g) • 80 g
Blattspinat • 1 Scheibe gekochter Schinken (20 g) • 1 TL Butter

1. Die Süßkartoffel waschen, schälen und klein würfeln. Den Spinat waschen (wenn Sie frischen verwenden).

2. Das Gemüse in einem Topf mit Wasser bedecken, zum Kochen bringen und 10 Minuten köcheln lassen. Abtropfen lassen.

3. Süßkartoffel, Spinat und Schinken zusammen mit der Butter pürieren.

Tipp

Um den Geschmack dieses Gerichts noch besser zur Geltung zu bringen, eine Prise Muskatnuss hinzufügen.

Wirsingpüree mit Schinken und Muskat

ZUBEREITUNGSZEIT: 10 Minuten **GARZEIT:** 15 Minuten
FÜR 5 PORTIONEN À 200 G: 700 g Wirsing • 2 kleine
Schalotten, in dünne Scheiben geschnitten • 1 TL
Butter • 100 g gekochter Schinken • 4 EL Crème
fraîche • 1 Prise gemahlene Muskatnuss

1. Die äußeren Blätter des Kohls entfernen, wenn sie
   sehr schmutzig, welk oder unansehnlich sind. Den
   Kohl waschen und in dünne Scheiben schneiden.

2. Die Schalotten in einer Pfanne in der Butter andünsten. Den Wirsing hinzugeben, mit Wasser bedecken
   und auf mittlerer Stufe 10–12 Minuten köcheln lassen.

3. Den Schinken klein schneiden und hinzugeben,
   2–3 Minuten mitköcheln lassen.

4. Abtropfen lassen, Crème fraîche und Muskatnuss
   hinzugeben und alles pürieren.

(Foto oben)

Möhren-Backpflaumen-Püree mit Rindfleisch

*Diese delikate Rindfleisch-Variante wird raffiniert
mit Backpflaumen kombiniert.*

ZUBEREITUNGSZEIT: 10 Minuten **GARZEIT:** 30 Minuten
FÜR 1 PORTION À 200 G: 3 große Möhren (150 g) •
1/2 kleine Zwiebel • 20 g mageres Rinderschmor-
fleisch (z. B. aus Schulter oder Nacken) • 6 Backpflaumen, entsteint • 1 TL Sonnenblumenöl • 1 Prise
gemahlene Nelken • 1 Prise gemahlener Zimt

1. Die Möhren waschen, schälen und in Scheiben
   schneiden. Die Zwiebel schälen und in dünne Scheiben schneiden. Rindfleisch und Pflaumen in kleine
   Stücke schneiden.

2. In einer Pfanne die Zwiebel im Öl anbräunen, dann
   Fleisch, Pflaumen, Gewürze und Möhren hinzugeben.
   Bis zur Hälfte mit Wasser aufgießen und zum Kochen
   bringen.

3. Den Deckel auflegen und das Ganze auf mittlerer Stufe
   25 Minuten schmoren lassen.

4. Vom Herd nehmen und pürieren.

Rotkohl-Apfel-Püree mit Hackfleisch

Probieren Sie dieses Gericht mit geschlossenen Augen: Diese Zutaten passen einfach großartig zusammen! Eine tolle Möglichkeit für Ihr Baby, den Geschmack von Rotkohl und Ingwer zu entdecken.

ZUBEREITUNGSZEIT: 10 Minuten **GARZEIT:** 25 Minuten

FÜR 1 PORTION À 200 G: 120 g Rotkohl • 1 Apfel der Sorte Golden Delicious • **20 g Rinderhackfleisch** • 1 TL Sonnenblumenöl • 1/5 TL gemahlene Nelken • 1 Prise gemahlener Ingwer • 100 ml Orangensaft

1. Den Rotkohl waschen und in feine Scheiben schneiden. Den Apfel schälen, entkernen und würfeln.

2. In einer Pfanne das Hackfleisch im Öl anbraten, dann Rotkohl, Gewürze, Orangensaft und 100 Milliliter Wasser hinzugeben. Den Deckel auflegen und das Ganze auf niedriger Stufe 20 Minuten schmoren lassen. Nach der Hälfte der Garzeit den Apfel hinzugeben.

3. Wenn viel Kochflüssigkeit zurückbleibt, diese abgießen; 2 Esslöffel auffangen.

4. Alles pürieren. Für ein noch cremigeres Ergebnis mit der Kochflüssigkeit verrühren.

Tipp

Haben Sie Lust, diesem Gericht einen kleinen orientalischen Touch zu geben? Einfach vor dem Pürieren 2 Blättchen frischen Koriander hinzugeben.

Möhren-Orangen-Püree mit Hühnchen

Lassen Sie Ihr Baby mit diesem vitaminreichen, einfach zuzubereitenden Schmorgericht süße und salzige Aromen entdecken.

ZUBEREITUNGSZEIT: 7 Minuten **GARZEIT:** 25 Minuten
FÜR 1 PORTION À 100 G: 4 Möhren • 1/4 Schalotte •
20 g Hähnchenbrustfilet • 1 TL Sonnenblumenöl •
100 ml Orangensaft

1. Möhren und Schalotte waschen und schälen. Die Möhren in Scheiben, das Fleisch in Stücke schneiden und die Schalotte fein hacken.

2. Die Schalotte in einer Pfanne im Öl andünsten, dann das Fleisch hinzufügen.

3. Sobald das Fleisch Farbe annimmt, Möhren und Orangensaft hinzugeben und das Ganze bis zur Hälfte mit Wasser aufgießen.

4. Den Deckel auflegen und alles 20 Minuten schmoren lassen. Am Ende sollten die Möhren schön zart sein.

5. Abtropfen lassen, dabei die Kochflüssigkeit auffangen. Pürieren. Für ein noch cremigeres Ergebnis mit der Kochflüssigkeit verrühren.

Süßkartoffelpüree mit Hühnchen und Zimt

Aus nur drei Zutaten zaubern Sie diese von der kreolischen Küche inspirierte Mahlzeit. Simpel und köstlich!

ZUBEREITUNGSZEIT: 7 Minuten **GARZEIT:** 15 Minuten
FÜR 1 PORTION À 200 G: 1 große Süßkartoffel
(200 g) • 20 g Hähnchenbrustfilet • 1 TL Olivenöl •
1 große Prise gemahlener Zimt

1. Die Süßkartoffel waschen, schälen und würfeln, die Hähnchenbrust in Stücke schneiden.

2. Die Fleischstücke in einer Pfanne im Öl anbraten, bis sie schön gebräunt und gut durchgebraten sind. Beiseitestellen.

3. Die Süßkartoffelwürfel in einem Topf mit Wasser bedecken und zum Kochen bringen. Zugedeckt etwa 10 Minuten köcheln lassen. Abgießen.

4. Den Topf mit der Süßkartoffel wieder auf den Herd stellen, Fleisch und Zimt hinzugeben und alles noch einmal 1–2 Minuten erhitzen. Vom Herd nehmen und pürieren.

(Foto oben)

Mais-Mango-Püree mit Hühnchen

Dieses von der Südstaatenküche inspirierte Gericht spielt mit Aromen und Texturen.

ZUBEREITUNGSZEIT: 10 Minuten **GARZEIT:** 15 Minuten
FÜR 1 PORTION À 200 G: 90 g Mango (1 kleine) •
20 g Hähnchenbrustfilet • 1 TL Sonnenblumenöl •
90 g Mais

1. Die Mango schälen, entkernen und würfeln, das Hähnchenfleisch in Stücke schneiden.

2. Das Hähnchenfleisch in einer Pfanne im Öl anbraten.

3. Den Mais hinzufügen und gut vermengen. Die Mango hinzugeben und alles bis zur Hälfte mit Wasser aufgießen.

4. Ohne Deckel auf niedriger Stufe 10 Minuten köcheln lassen. Abgießen, dabei etwas Kochflüssigkeit auffangen. Pürieren. Für ein noch cremigeres Ergebnis mit der Kochflüssigkeit verrühren.

Kartoffelbrei mit Kabeljau und Dill

Dieses Rezept kommt direkt aus Skandinavien. Der cremige Kartoffelbrei und der frische Dillgeschmack helfen unseren Kindern bei ihrer ersten Begegnung mit Fisch.

ZUBEREITUNGSZEIT: 7 Minuten   **GARZEIT:** 15 Minuten
FÜR 1 PORTION À 200 G: 2 große Kartoffeln (150 g, Monalisa oder andere festkochende Sorte) • 20 g Kabeljaufilet • 1 kleine Prise Salz • 2 EL Milch • 1 TL Butter • 1 TL gehackter Dill

1. Die Kartoffeln waschen, schälen und klein würfeln.

2. In einem Topf mit Wasser bedecken und 12 Minuten kochen lassen.

3. Unterdessen den Kabeljau 5 Minuten in einem Topf mit kochendem, gesalzenem Wasser pochieren. Abtropfen lassen, das Filet zerzupfen und beiseitestellen.

4. Die Kartoffeln abgießen, wenn sie weich gekocht sind. Zusammen mit Milch und Butter zu einem glatten Brei pürieren, dann mit Fischfilet und Dill vermengen.

Tomaten-Apfel-Püree mit Kabeljau

Hier erklingt ganz sachte der Ruf des Meeres: Mit diesem süß-säuerlichen Püree, das den intensiven Fischgeschmack abmildert, lernt Ihr Baby ganz behutsam den Geschmack der See kennen.

ZUBEREITUNGSZEIT: 7 Minuten GARZEIT: 12 Minuten
FÜR 1 PORTION À 200 G: 3 Kirschtomaten • 1 Apfel der Sorte Golden Delicious • 20 g Kabeljaufilet • 1 TL gehackte Zwiebel • 1 TL Sonnenblumenöl • 1 TL Tomatenmark • 1 Stängel Thymian • 1 kleine Prise Salz

1. Tomaten und Apfel waschen. Den Apfel schälen, entkernen und würfeln.

2. Darauf achten, dass das Fischfilet keine Gräten enthält.

3. Die Zwiebel in einem schweren Topf im Öl andünsten. Tomaten, Apfelwürfel, Tomatenmark und Thymianstängel hinzugeben, den Deckel auflegen und das Ganze auf niedriger Stufe 10 Minuten schmoren lassen.

4. Unterdessen den Kabeljau 5 Minuten in einem Topf mit kochendem, gesalzenem Wasser pochieren. Abtropfen lassen und beiseitestellen.

5. Den Thymianstängel entfernen; die Tomaten-Apfelmischung zusammen mit dem Kabeljaufilet pürieren.

Möhren-Pfirsich-Püree mit Kabeljau

Eine erfrischend neue Geschmackskombination mit Anklängen an die indische Küche – eine gute Einführung in exotische Gaumenfreuden.

ZUBEREITUNGSZEIT: 8 Minuten GARZEIT: 15 Minuten
FÜR 1 PORTION À 200 G: 3 Möhren • 1 Pfirsich • 1/4 Schalotte, fein gehackt • 1 TL Sonnenblumenöl • 20 g Kabeljaufilet • 1 kleine Prise Salz • 3 frische Korianderblätter

1. Möhren und Pfirsich waschen und schälen, den Pfirsich entsteinen und alles klein würfeln.

2. Die Schalotte in einem schweren Topf im Öl andünsten.

3. Die Möhrenwürfel hinzugeben und zu zwei Dritteln mit Wasser aufgießen. 15 Minuten köcheln lassen, nach der Hälfte der Kochzeit den Pfirsich hinzugeben. Unterdessen den Fisch in einem Topf mit leicht gesalzenem kochendem Wasser 5 Minuten pochieren. Abtropfen lassen, mit der Gabel zerzupfen und beiseitestellen.

4. Wenn die Möhren schön weich sind, abgießen. Für ein noch kleines Baby mit dem Fisch und dem Koriander zu einem cremigen Brei pürieren. Für ein Baby ab 10 Monaten den Fisch erst später untermengen, damit es die zarten Fischstücke selbst entdecken kann.

Spinat-Birnen-Püree mit Lachs

Den Lachs mit den erlesen-süßen Geschmacksnoten von Spinat und Birne zusammenzubringen, ist das beste Mittel, den kindlichen Gaumen zu entwickeln. Eine einwandfreie Mischung – Versuch gelungen!

ZUBEREITUNGSZEIT: 5 Minuten **GARZEIT:** 10 Minuten
FÜR 1 PORTION À 200 G: 1/2 Birne der Sorte Comice (Vereinsdechantsbirne) • 120 g Blattspinat, tiefgekühlt • 20 g Lachsfilet • 1 kleine Prise Salz • 1 kleine Prise Pfeffer aus der Mühle

1. Den Backofen auf 180 °C vorheizen. Die Birne waschen, entkernen und würfeln.

2. Den Spinat in einem Topf bis zur Hälfte mit Wasser aufgießen, zum Kochen bringen und ohne Deckel 10 Minuten köcheln lassen. Nach der Hälfte der Kochzeit die Birnenwürfel zugeben.

3. Den Lachs mit dem Salz bestreuen und auf einem mit Backpapier belegten Backblech für 4 Minuten (bei tiefgekühltem Lachs entsprechend länger) in den vorgeheizten Ofen schieben.

4. Wenn Spinat und Birne gar sind, abtropfen lassen und zusammen mit dem noch heißen Lachsfilet und dem Pfeffer pürieren.

Tipp

Für dieses köstliche Püree eignen sich süße, saftige Birnensorten am besten – im Sommer Williams Christ oder Harrow Sweet, im Herbst die Comice.

Ich bin
gewachsen!

Bravo! Ihr kleiner Schatz hat mit Erfolg (und Vergnügen) seine ersten Erfahrungen mit Obst, Gemüse und ganzen Mahlzeiten gemacht. Er oder sie ist jetzt bereit für gewagtere Mahlzeiten mit weiteren neuen Geschmackserlebnissen, wie sie auch die Großen mögen – und für erste Abendmahlzeiten mit viel Gemüse und stärkehaltigen Zutaten, die für einen guten Schlaf sorgen. Dank Ihrer liebevollen Kochkünste wird aus Ihrem kleinen Gourmet in Windeln bestimmt einmal ein großer Feinschmecker. Weiter so!

Meine klassischen Breie –
würzig aufgepeppt

Kürbisbrei mit Koriander

Heimisches Gartengemüse und exotische Würze ergeben ein simples Gericht mit indischem Touch.

ZUBEREITUNGSZEIT: 10 Minuten **GARZEIT:** 15 Minuten
FÜR 5 PORTIONEN À 100 G: 750 g Kürbis • 1 große Kartoffel (Monalisa oder andere festkochende Sorte) • 1 TL Butter • 3 Tropfen Zitronensaft • 7–8 Korianderblätter

1. Den Kürbis waschen und schälen, die Kerne entfernen, das Fruchtfleisch würfeln. Die Kartoffel schälen und würfeln.

2. Das Gemüse in einem Topf mit Wasser bedecken und 15 Minuten köcheln lassen. Abtropfen lassen.

3. Das Gemüse zusammen mit Butter, Zitronensaft und Koriander pürieren.

Kürbisbrei mit Zimt

Ein Hauch Zimt bringt den Geschmack des Kürbisses noch besser zur Geltung.

ZUBEREITUNGSZEIT: 10 Minuten **GARZEIT:** 15 Minuten
FÜR 5 PORTIONEN À 100 G: 750 g Kürbis • 1 große Kartoffel (Monalisa oder andere festkochende Sorte) • 1 TL Butter • 3 Tropfen Zitronensaft • 1 Prise gemahlener Zimt

1. Den Kürbis waschen und schälen, die Kerne entfernen, das Fruchtfleisch würfeln. Die Kartoffel schälen und würfeln.

2. Das Gemüse in einem Topf mit Wasser bedecken und 15 Minuten köcheln lassen. Abtropfen lassen.

3. Das Gemüse zusammen mit Butter, Zitronensaft und Zimt pürieren.

Kürbisbrei mit Vanille

Nur ein paar Körnchen Vanille in den Brei, und Ihr Baby bekommt den ersten Vorgeschmack auf die berauschenden Aromen südlicher Gefilde, wo die Passatwinde wehen ...

ZUBEREITUNGSZEIT: 10 Minuten **GARZEIT:** 15 Minuten
FÜR 5 PORTIONEN À 100 G: 750 g Kürbis • 1 große Kartoffel (Monalisa oder andere festkochende Sorte) • 1 Vanilleschote • 1 TL Butter • 3 Tropfen Zitronensaft

1. Den Kürbis waschen und schälen, die Kerne entfernen, das Fruchtfleisch würfeln. Die Kartoffel schälen und würfeln.

2. Die Vanilleschote mit einem Messer längs aufschlitzen, das Mark herauskratzen und beiseitestellen.

3. Das Gemüse in einem Topf mit Wasser bedecken, die ausgekratzte Vanilleschote hinzugeben und alles 15 Minuten köcheln lassen. Abtropfen lassen.

4. Die Vanilleschote herausnehmen. Das Gemüse zusammen mit Butter, Zitronensaft und Vanillemark pürieren.

Möhrenbrei mit Kreuzkümmel

Die leidenschaftliche Verbindung zwischen der Königin der Wurzelge-müse und dem König der orientalischen Gewürze.

ZUBEREITUNGSZEIT: 7 Minuten **GARZEIT:** 15 Minuten
FÜR 5 PORTIONEN À 100 G: 8 große Möhren • 1 TL Sonnenblumenöl •
1/2 TL gemahlener Kreuzkümmel

1. Die Möhren schälen und in Scheiben schneiden.

2. In einem Topf mit Wasser bedecken und 15 Minuten köcheln lassen.

3. Abtropfen lassen und zusammen mit dem Sonnenblumenöl und dem Kreuzkümmel pürieren.

Möhrenbrei mit Koriander

Wenn die Möhre auf die „arabische Petersilie" trifft, sitzt der Orient mit am Babytisch. Ideal, um das Kind behutsam an exotische Aromen heran-zuführen.

ZUBEREITUNGSZEIT: 7 Minuten **GARZEIT:** 15 Minuten
FÜR 5 PORTIONEN À 100 G: 8 große Möhren • 1 TL Sonnenblumenöl •
4 Korianderblätter, gehackt

1. Die Möhren schälen und in Scheiben schneiden.

2. In einem Topf mit Wasser bedecken und 15 Minuten köcheln lassen.

3. Abtropfen lassen und zusammen mit dem Sonnenblumenöl und dem Koriander pürieren.

Möhren-Orangen-Brei

Mit diesem samtigen, vitaminreichen Brei nehmen wir Kurs auf eine köstliche Begegnung zwischen Süße und zarter Säure.

ZUBEREITUNGSZEIT: 10 Minuten **GARZEIT:** 15 Minuten
5 PORTIONEN À 100 G : 6 große Möhren • 3 Orangen

1. Die Möhren schälen und in Scheiben schneiden.

2. Die Orangen schälen, filetieren und in Stücke schneiden.

3. Die Möhrenscheiben in einem Topf mit Wasser bedecken und 15 Minuten köcheln lassen.

4. Abtropfen lassen und zusammen mit den Orangenstücken pürieren.

Grüne-Bohnen-Spinat-Brei

Der Spinat lässt die Bohnen an seiner milden Süße teilhaben.

ZUBEREITUNGSZEIT: 5 Minuten GARZEIT: 10 Minuten
FÜR 5 PORTIONEN À 100 G: 400 g grüne Bohnen •
200 g Blattspinat, tiefgefroren • 1/2 Würfel Gemüsebrühe mit wenig Salz • 1 TL Butter

1. Die Bohnen waschen und putzen.

2. Bohnen und Spinat in einem Topf mit Wasser bedecken, den Brühwürfel hinzugeben, alles zum Kochen
bringen und ohne Deckel 10 Minuten köcheln lassen.
Gut abtropfen lassen.

3. Bohnen und Spinat zusammen mit der Butter pürieren.

(Foto nebenstehend)

Grüne-Bohnen-Brei mit Basilikum

Ein Hauch Mittelmeerküche steckt in diesem sattgrünen Gemüsebrei. Zwischen heimischer Frische und südlichen Aromen genießt der kindliche Gaumen den Sommer.

ZUBEREITUNGSZEIT: 5 Minuten GARZEIT: 10 Minuten
FÜR 5 PORTIONEN À 100 G: 500 g grüne Bohnen •
1 TL Olivenöl • 4–5 Basilikumblätter, zerzupft

1. Die Bohnen waschen und putzen.

2. In einem Topf mit Wasser bedecken, zum Kochen
bringen und ohne Deckel 10 Minuten köcheln lassen.
Abtropfen lassen, dabei 2 Esslöffel der Kochflüssigkeit auffangen.

3. Die Bohnen zusammen mit Olivenöl, Kochflüssigkeit
und Basilikum pürieren.

(Foto oben)

Blumenkohlbrei mit Käse

Hmm, das schmeckt: cremiger Blumenkohlbrei, abgerundet mit pikantem Käse.

ZUBEREITUNGSZEIT: 7 Minuten **GARZEIT:** 15 Minuten
FÜR 5 PORTIONEN À 100 G: 450 g Blumenkohlröschen • 500 ml Milch • 1 TL Butter • 30 g geriebener Gruyère

1. Die Blumenkohlröschen waschen und klein schneiden. Die Milch in einem Topf zum Kochen bringen, den Blumenkohl hineingeben und auf niedrigster Stufe 15 Minuten köcheln lassen.

2. Abgießen, dabei ein wenig Kochflüssigkeit auffangen.

3. Den Blumenkohl zusammen mit Butter und Käse pürieren. Für ein noch cremigeres Ergebnis die Kochflüssigkeit einrühren.

(Foto nebenstehend)

Blumenkohlbrei mit Thymian

Den starken Charakter des Blumenkohls mit Thymian etwas abmildern: eine gute Idee!

ZUBEREITUNGSZEIT: 5 Minuten **GARZEIT:** 15 Minuten
FÜR 5 PORTIONEN À 100 G: 500 g Blumenkohlröschen • 500 ml Milch • 1 Stängel Thymian •
1 TL Butter

1. Die Blumenkohlröschen waschen und klein schneiden. Die Milch mit dem Thymian in einem Topf zum Kochen bringen, den Blumenkohl hineingeben und auf niedrigster Stufe 15 Minuten köcheln lassen.

2. Abtropfen lassen, dabei ein wenig Kochflüssigkeit auffangen. Den Thymian herausnehmen.

3. Den Blumenkohl zusammen mit der Butter pürieren. Für ein noch cremigeres Ergebnis die Kochflüssigkeit einrühren.

Ratatouille nach Baby-Art

Das Zirpen der Zikaden und der Duft nach Rosmarin breiten sich auf dem Babyteller aus …

ZUBEREITUNGSZEIT: 12 Minuten
GARZEIT: 20 Minuten
FÜR 5 PORTIONEN À 100 G: 5 Tomaten •
3 Zucchini • 1/2 Aubergine • etwas Salz •
1 rote Paprika • 1/2 Knoblauchzehe •
1 TL Olivenöl • 1 Stängel Thymian •
2 Lorbeerblätter

1. Das Gemüse waschen und würfeln.

2. Die Auberginenwürfel in einer Schüssel 10 Minuten in Salzwasser einweichen, damit sie ihren bitteren Geschmack verlieren. Abtropfen lassen und beiseitestellen.

3. In einer Pfanne den Knoblauch im Öl anbraten. Dann das Gemüse hinzugeben und andünsten.

4. 100 Milliliter Wasser, den Thymian und die Lorbeerblätter zugeben und alles zum Kochen bringen. Zugedeckt auf niedriger Stufe 15 Minuten schmoren lassen.

5. Vom Herd nehmen, Thymian und Lorbeerblätter herausnehmen und das Gemüse stückig pürieren.

Meine Mahlzeiten
ganz erwachsen

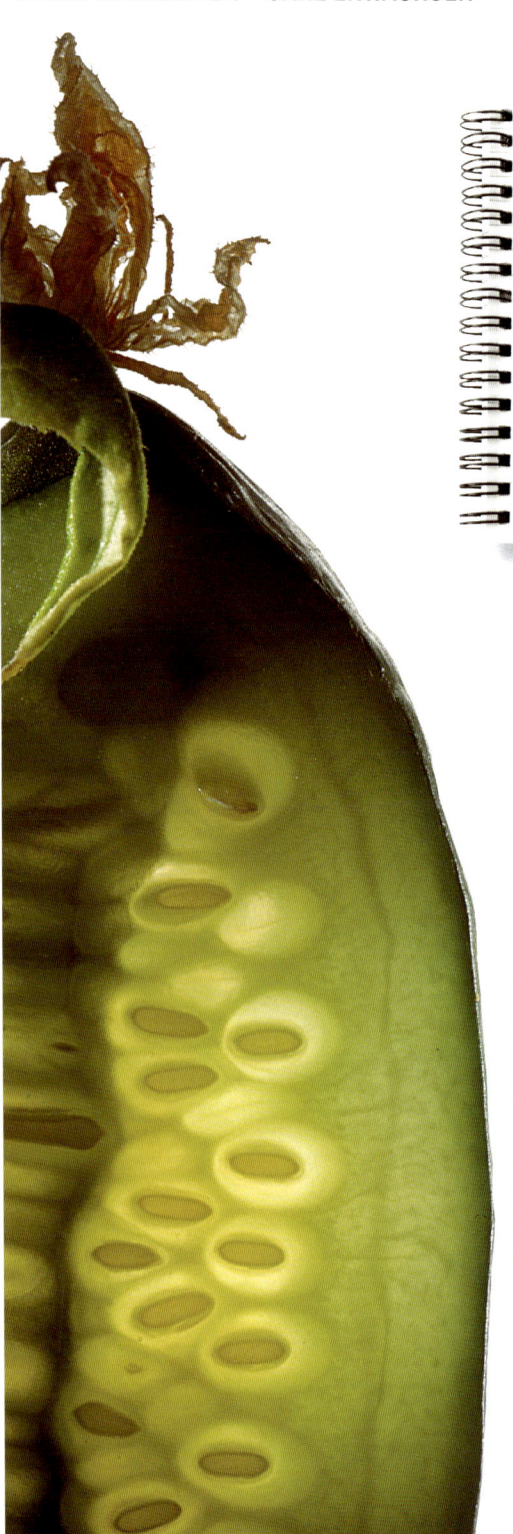

Tipp

Bei diesem Rezept nicht den Zitronensaft vergessen: Ohne dessen Säure nimmt die Avocado und damit auch das Püree schnell eine wenig appetitliche graue Farbe an.

Avocado-Gurken-Püree mit Hühnchen

Dieses Gericht sollte direkt nach der Zubereitung verzehrt und nicht eingefroren werden.

ZUBEREITUNGSZEIT: 5 Minuten **GARZEIT:** 7 Minuten
FÜR 1 PORTION À 200 G: 1/4 Schalotte, fein gehackt • 1 TL Olivenöl • 20 g Hähnchenbrustfilet • 1/4 Salatgurke, geschält, entkernt und gewürfelt • 1 reife Avocado, entsteint • 1 Spritzer Zitronensaft

1. Die Schalotte im Olivenöl andünsten. Das Fleisch in sehr kleine Stücke schneiden, hinzugeben und rundum anbräunen, bis es schön zart durchgebraten ist.

2. Hähnchenfilet und Schalotte zusammen mit der Gurke, dem Fruchtfleisch der Avocado und dem Zitronensaft pürieren und zimmerwarm servieren.

Bohnenbrei mit Hühnchen und Estragon

Hühnchen mit Estragon ist ein traditionelles französisches Sonntagsgericht, das sicher auch Ihrem Baby schmeckt.

ZUBEREITUNGSZEIT: 7 Minuten **GARZEIT:** 15 Minuten
FÜR 1 PORTION À 200 G: 180 g grüne Bohnen •
20 g Hähnchenbrustfilet • 1/4 Schalotte • 1 TL Olivenöl • 1/4 Würfel Gemüsebrühe • 2 Estragonblätter •
2 TL Crème fraîche

1. Die Bohnen waschen und putzen.

2. Das Fleisch in Stücke schneiden, diese zusammen mit der Schalotte in einer Pfanne im Öl rundum anbräunen. Die Bohnen hinzufügen, bis zur Hälfte mit Wasser aufgießen, dann den Brühwürfel und den Estragon hinzugeben. Ohne Deckel auf mittlerer Stufe 10 Minuten schmoren lassen.

3. Abtropfen lassen, dabei etwas Kochflüssigkeit auffangen. Fleisch, Bohnen, Estragon und Crème fraîche pürieren. Für ein noch cremigeres Ergebnis mit der Kochflüssigkeit verrühren.

Sellerie-Fenchel-Püree mit Kalbfleisch

Schmeckt am besten, wenn es draußen kalt ist.

ZUBEREITUNGSZEIT: 10 Minuten **GARZEIT:** 15 Minuten
FÜR 1 PORTION À 200 G: 1 Fenchelknolle (100 g) •
1 Selleriestange • 1 Kartoffel • 20 g Kalbsschnitzel •
1/4 Schalotte • 1 TL Sonnenblumenöl

1. Das Gemüse waschen, die Kartoffel schälen und den Fenchel von Strunkansatz und Stielen befreien.

2. Den Fenchel in dünne Scheiben schneiden; Sellerie, Kartoffel und Kalbfleisch in kleine Stücke schneiden; die Schalotte fein hacken.

3. Die Schalotte und das Fleisch in einer Pfanne im Öl anbraten. Das Gemüse hinzugeben, bis zur Hälfte mit Wasser aufgießen und zugedeckt auf mittlerer Stufe 15 Minuten köcheln lassen.

4. Vom Herd nehmen, abtropfen lassen, dabei die Kochflüssigkeit auffangen. Fleisch und Gemüse pürieren. Für ein noch cremigeres Ergebnis die Kochflüssigkeit einrühren.

(Foto oben)

Zucchinibrei mit Kalbfleisch und Quinoa

Freuen Sie sich über dieses Rezept, bei dem Quinoa die erste Geige spielt – ein kleines Korn voller gesunder Mineralstoffe.

ZUBEREITUNGSZEIT: 5 Minuten **GARZEIT:** 15 Minuten
FÜR 1 PORTION À 200 G: 2 Zucchini (120 g) • 20 g Kalbsschnitzel • 1 TL Olivenöl • 1/4 Würfel Gemüsebrühe • 1 Stängel Rosmarin • 40 g Quinoa • 1 Prise Salz

1. Die Zucchini waschen. Fleisch und Zucchini in kleine Stücke schneiden und im Olivenöl rundum anbraten. Bis zur Hälfte mit Wasser aufgießen, dann den Brühwürfel und den Rosmarin zugeben. Ohne Deckel auf mittlerer Stufe 15 Minuten köcheln lassen.

2. Unterdessen die Quinoa mit einem Dreifachen ihres Volumens an leicht gesalzenem Wasser aufgießen und zum Kochen bringen, dann auf niedriger Stufe 10 Minuten köcheln lassen. Vom Herd nehmen, gut durchrühren und ruhen lassen.

3. Den Rosmarin herausnehmen, Fleisch und Zucchini pürieren und mit der Quinoa vermengen.

Brokkoli-Spinat-Püree mit Kalbfleisch und Käse

Wenn der Lieblingskäse der Windelträger auf schmackhaftes Gemüse trifft, freuen sich die kleinen Gourmets.

ZUBEREITUNGSZEIT: 7 Minuten **GARZEIT:** 15 Minuten
FÜR 1 PORTION À 200 G: 120 g Brokkoliröschen • 80 g Blattspinat • 20 g Kalbsschnitzel • 1/4 Knoblauchzehe • 1 TL Sonnenblumenöl • 1/4 Würfel Gemüsebrühe • 40 g Schmelzkäse

1. Brokkoliröschen und Spinat waschen. Das Fleisch in kleine Stücke schneiden, den Knoblauch fein hacken.

2. Knoblauch und Fleisch im Öl rundum anbraten.

3. Spinat und Brokkoli hinzufügen und bis zur Hälfte mit Wasser aufgießen, dann den Brühwürfel hinzugeben. Ohne Deckel auf mittlerer Stufe 10 Minuten köcheln lassen.

4. Abgießen, den Käse hinzufügen und alles noch einmal 1–2 Minuten weiterköcheln lassen. Pürieren.

(Foto nebenstehend)

Erbsen-Zucchini-Püree mit Schinken

Durch den Dill erhält dieses klassische Rezept neuen Pfiff.

ZUBEREITUNGSZEIT: 5 Minuten
GARZEIT: 10 Minuten
FÜR 1 PORTION À 200 G: 100 g Zucchini •
1 Scheibe gekochter Schinken (20 g) •
1/4 Würfel Gemüsebrühe • 100 g Erbsen •
1 EL Crème fraîche • 1 TL gehackter Dill

1. Die Zucchini waschen und würfeln, den Schinken in kleine Stücke schneiden.

2. In einem Topf etwas Wasser mit dem Brühwürfel zum Kochen bringen. Zucchini, Schinken und Erbsen hineingeben und 8 Minuten köcheln lassen.

3. Abgießen, die Crème fraîche einrühren, alles noch einmal kurz erhitzen, dann mit dem Dill bestreuen und pürieren.

Tipp

Dieses Rezept schmeckt auch kalt sehr gut – prima geeignet also für ein Picknick mit Baby! Dazu schmecken eine in mundgerechte Stücke geschnittene Melone und kleine Portionen Ziegenfrischkäse.

Bohnenbrei mit Rindfleisch

ZUBEREITUNGSZEIT: 5 Minuten **GARZEIT:** 15 Minuten
FÜR 1 PORTION À 200 G: 160 g grüne Bohnen • 1 frische
Silberzwiebel • 20 g Rinderhackfleisch • 1 TL Olivenöl •
1/4 Knoblauchzehe • 2 Basilikumblätter

1. Die Bohnen entstielen, waschen und in Stücke schneiden,
   die Zwiebel schälen und hacken.

2. Zwiebel und Hackfleisch in einer Pfanne im Olivenöl
   rundum anbraten.

3. Bohnen und Knoblauch hinzugeben. Bis zur Hälfte mit
   Wasser aufgießen, dann auf mittlerer Stufe 10 Minuten
   schmoren lassen.

4. Vom Herd nehmen und mit dem Basilikum pürieren.

(Foto nebenstehend)

Tomaten-Hackfleisch-Püree mit Fenchel

*Fenchel passt erstaunlich gut zum deftigen Aroma der
Tomaten-Hackfleisch-Pfanne.*

ZUBEREITUNGSZEIT: 10 Minuten **GARZEIT:** 15 Minuten
FÜR 1 PORTION À 200 G: 4 Tomaten (150 g) • 1 kleine
Fenchelknolle (80 g) • 1/4 Knoblauchzehe • 20 g Rinderhackfleisch • 1 TL Olivenöl • 1 TL Tomatenmark • 2 Lorbeerblätter • 1 Stängel Thymian • 1/4 Würfel Gemüsebrühe

1. Tomaten und Fenchel waschen, putzen und klein würfeln,
   den Knoblauch schälen und hacken.

2. Hackfleisch und Knoblauch in einer Pfanne im Olivenöl
   anbraten. Erst den Fenchel, dann Tomaten, Tomatenmark,
   Lorbeerblätter, Thymian und Brühe hinzugeben und bis zur
   Hälfte mit Wasser aufgießen. Den Deckel auflegen und das
   Ganze auf mittlerer Stufe 15 Minuten schmoren lassen.

3. Vom Herd nehmen, Lorbeerblätter und Thymian entfernen
   und alles pürieren.

Gemüsebrei mit Lamm und Kirschen

ZUBEREITUNGSZEIT: 10 Minuten **GARZEIT:** 20 Minuten
FÜR 5 PORTIONEN À 200 G: 500 g Erbsen • 300 g weiße Rüben • 100 g Möhren • 1 rote Zwiebel, fein gehackt • 1 TL Butter • 100 g Lammschulter, in sehr kleine Stücke geschnitten • 2 Lorbeerblätter •
Für jede Portion: 5 Kirschen, entsteint

1. Die Rüben und Möhren waschen, schälen und in Stücke schneiden.

2. Die Zwiebel in einer Pfanne in der Butter andünsten, dann das Fleisch hinzugeben und rundum anbraten.

3. Die Hitze reduzieren, das Gemüse und die Lorbeerblätter hinzugeben, bis zur Hälfte mit Wasser aufgießen und 20 Minuten schmoren lassen. Darauf achten, dass während der gesamten Garzeit Wasser in der Pfanne verbleibt.

4. Vom Herd nehmen, die Lorbeerblätter entfernen, ein wenig Kochflüssigkeit (falls genug vorhanden) auffangen und alles pürieren.

5. Mit den fein gehackten Kirschen servieren.

Tipp

Woher weiß man, dass noch zu viel Kochflüssigkeit vorhanden ist? Ist noch mehr als ein Viertelliter im Topf oder ist die Flüssigkeit sehr wässrig anstatt bereits sirupartig verdickt, schöpfen Sie ein wenig ab. Aber nicht weggießen: Ist das Püree am Ende zu trocken, können Sie wieder etwas Kochflüssigkeit hineinrühren.

Linsen-Spinat-Püree mit Kabeljau

ZUBEREITUNGSZEIT: 10 Minuten **GARZEIT:** 30 Minuten
FÜR 1 PORTION À 200 G: 80 g Puy-Linsen • 1/4 Würfel Gemüsebrühe •
1 TL getrockneter Thymian • 50 g Bio-Blattspinat, tiefgekühlt •
20 g Kabeljau-Rückenfilet • 1 Prise Salz • 1 TL fein gehackte Zwiebel •
1 TL Olivenöl

1. Die Linsen durchspülen, in einen Topf geben und mit dem Doppelten ihres Volumens an Wasser aufgießen. Brühwürfel und Thymian hinzugeben, zum Kochen bringen und zugedeckt etwa 20 Minuten köcheln lassen.

2. Darauf achten, dass noch genügend Wasser vorhanden ist, dann den Spinat hinzugeben und 10 Minuten mitköcheln lassen.

3. Unterdessen den Fisch 5 Minuten in etwas gesalzenem Wasser pochieren, abgießen, mit der Gabel zerzupfen und beiseitestellen.

4. Die Zwiebel 5 Minuten vor Ende der Kochzeit der Linsen in einer Pfanne im Olivenöl andünsten. Linsen und Spinat abgießen und zusammen mit dem Kabeljau in die Pfanne geben. Alles noch einmal 1–2 Minuten köcheln lassen.

5. Vom Herd nehmen und nur grob pürieren, um die Struktur der Linsen ein wenig zu erhalten.

Fenchel-Orangen-Püree mit Lachs und Zimt

Entdecken Sie mit der ganzen Familie dieses marokkanisch inspirierte Gericht, das süße und Anisaromen zusammenbringt. Heute Mittag essen wir in Marrakesch!

ZUBEREITUNGSZEIT: 10 Minuten **GARZEIT:** 15 Minuten
FÜR 1 PORTION À 200 G: 1/2 Fenchelknolle • 2 Orangen • 20 g Lachsfilet • Fleur de Sel • 1/2 TL gemahlener Zimt

1. Den Backofen auf 180 °C vorheizen. Den Fenchel waschen, von Strunkansatz und Stielen befreien und in kleine Stücke schneiden. Die Orangen auspressen, das Fruchtfleisch zurückbehalten.

2. Das Lachsfilet mit Fleur de Sel bestreuen und auf einem mit Backpapier belegten Backblech für 4 Minuten (bei tiefgekühltem Lachs entsprechend länger) in den vorgeheizten Ofen schieben.

3. Fenchel und Orangensaft in einen Topf geben und auf mittlerer Stufe 15 Minuten köcheln lassen.

4. Wenn der Fenchel weich gekocht ist, vom Herd nehmen und abgießen. Zusammen mit dem heißen Lachsfilet, dem Orangenfruchtfleisch und dem Zimt pürieren.

Tomaten-Zucchini-Püree mit Thunfisch

Das mögen alle: Tomaten, Thunfisch, Zucchini und Basilikum ergeben zusammen ein mediterranes Flair.

ZUBEREITUNGSZEIT: 7 Minuten **GARZEIT:** 18 Minuten
FÜR 1 PORTION À 200 G: 1 kleine Zucchini • 2 große Tomaten • 1/4 Schalotte • 1/4 Knoblauchzehe • 1 TL Olivenöl • 1 TL Tomatenmark • 1/4 TL gehackter Thymian • 20 g weißer Thunfisch im eigenen Saft • 4 Basilikumblätter

1. Das Gemüse waschen. Die Zucchini in Scheiben, die Tomaten in Würfel schneiden. Schalotte und Knoblauch hacken.

2. Knoblauch, Schalotte und Zucchinischeiben in einer Pfanne im Olivenöl andünsten. Wenn sie Farbe angenommen haben, Tomaten, Tomatenmark und Thymian hinzugeben. Zugedeckt auf mittlerer Stufe 15 Minuten köcheln lassen.

3. Unterdessen den Thunfisch abtropfen lassen und mit der Gabel zerdrücken.

4. Wenn das Gemüse gerade weich ist, den Thunfisch hinzugeben und alles noch einmal heiß werden lassen. Vom Herd nehmen, das Basilikum hinzugeben und alles pürieren.

(Foto nebenstehend)

Bohnen-Gurken-Püree mit Heilbutt

Frisch, originell, nährstoffreich und noch dazu sehr spannend durch das Estragon, das den milden Fischgeschmack veredelt.

ZUBEREITUNGSZEIT: 5 Minuten **GARZEIT:** 10 Minuten
FÜR 1 PORTION À 200 G: 1/4 Salatgurke • 1/4 Würfel Gemüsebrühe • 100 g tiefgekühlte dicke Bohnen • 30 g Heilbuttfilet • 1 kleine Prise Salz • 1 Spritzer Zitronensaft • 6 Estragonblätter

1. Den Backofen auf 180 °C vorheizen. Die Gurke waschen, schälen und würfeln.

2. Etwas Wasser in einem Topf zum Kochen bringen, darin den Brühwürfel auflösen, dann Bohnen und Gurke hinzugeben. Auf mittlerer Stufe etwa 8–9 Minuten köcheln lassen. Vom Herd nehmen und abgießen.

3. Unterdessen das Fischfilet mit dem Salz bestreuen und mit dem Zitronensaft besprenkeln. Auf einem mit Backpapier belegten Backblech für 3 Minuten in den vorgeheizten Ofen schieben.

4. Bohnen, Gurke, Fisch und Estragon pürieren.

Meine Mahlzeiten aus der
ganzen Welt

ITALIEN

Tomaten-Champignon-Püree mit Hackfleisch und Oregano

Schmeckt vom ersten Löffel an wie in einer italienischen Trattoria – das liegt vor allem am Oregano.

ZUBEREITUNGSZEIT: 10 Minuten **GARZEIT:** 20 Minuten
FÜR 1 PORTION À 200 G: 5 große Champignons •
20 Kirschtomaten (ca. 150 g) • 20 g Rinderhackfleisch • 1/4 Knoblauchzehe • 1 TL Olivenöl •
1/4 TL getrockneter Oregano

1. Das Gemüse waschen und putzen. Die Champignons in Scheiben schneiden, die Tomaten halbieren.

2. Hackfleisch und Knoblauch in einer Pfanne im Olivenöl anbraten. Wenn das Fleisch schön gebräunt ist, vom Herd nehmen und beiseitestellen.

3. In der gleichen Pfanne im zurückgebliebenen Fleischsaft die Champignons andünsten, bis sie ihre Flüssigkeit abgeben und etwa auf die Hälfte schrumpfen.

4. Hackfleisch, Tomaten und Oregano dazugeben, den Deckel auflegen und das Ganze auf niedriger Stufe 15 Minuten schmoren lassen. Pürieren.

Tipp

Für die Großen können Sie dieses Gericht etwas abwandeln: Statt das Hackfleisch mitzupürieren, machen Sie daraus einfach Fleischbällchen, die Sie in der Pfanne braten. Die Tomaten-Pilzsauce schmeckt dann prima dazu – und Spaghetti!

Tomaten-Brot-Püree mit Schinken

Dieses Rezept wurde von der berühmten toskanischen Brotsuppe Pappa al Pomodoro inspiriert und schmeckt einfach köstlich. Ihr Baby gewöhnt sich so ganz nebenbei daran, frische Tomaten zu essen. Das Gericht sollte sofort verzehrt und kann nicht eingefroren werden.

ZUBEREITUNGSZEIT: 5 Minuten
FÜR 1 PORTION À 200 G: 150 g süße Kirschtomaten •
20 g gekochter Schinken • 2 große Scheiben Landweißbrot ohne Kruste • 3 Basilikumblätter

1. Die Tomaten waschen und halbieren.

2. Tomaten, Schinken, Brot und Basilikum zusammen pürieren. Ist das Ergebnis zu flüssig, noch etwas Brot hinzugeben; ist es zu trocken, weitere Tomaten hinzugeben.

3. Vor dem Servieren mindestens 15 Minuten ruhen lassen, damit das Brot schön weich wird und den Saft der Tomaten aufnimmt.

(Foto nebenstehend)

Blumenkohlbrei mit Schinken und Kardamom

In Schweden wird traditionell viel mit Kardamom gekocht und gebacken.

ZUBEREITUNGSZEIT: 5 Minuten   **GARZEIT:** 15 Minuten
FÜR 1 PORTION À 200 G: 200 g Blumenkohlröschen •
3 Kardamomkapseln • 500 ml Milch • 1 Scheibe
gekochter Schinken (20 g)

1. Den Blumenkohl waschen. Die Kardamomkapseln leicht mit einem Messer zerdrücken, damit sie sich ein wenig öffnen.

2. Die Milch zum Kochen bringen, zuerst Kardamom und Schinken, dann den Blumenkohl hineingeben. Auf mittlerer Stufe 15 Minuten köcheln lassen.

3. Abgießen, dabei die Kochflüssigkeit auffangen. Die Kardamomkapseln entfernen. Blumenkohl und Schinken pürieren. Für ein noch cremigeres Ergebnis etwas Kochflüssigkeit einrühren.

(Foto oben)

Tipp

Möchten Sie an der Mahlzeit Ihres Babys teilhaben? Dann pürieren Sie das Hühnchenfleisch nicht, sondern arrangieren Sie es auf den Linsen, die Sie mit Cayennepfeffer etwas aufpeppen können. Dazu schmeckt Bulgur oder Quinoa. Welch Vergnügen, zusammen mit dem Baby zu essen!

INDIEN

Linsen-Kürbis-Püree mit Hühnchen und Kreuzkümmel

Bombay ist gar nicht so weit weg ... mit diesem Gericht voller berauschender Aromen und mit einer Lieblingszutat der Inder: Linsen, als Eintopf dort Dal genannt.

ZUBEREITUNGSZEIT: 7 Minuten **GARZEIT:** 15 Minuten
FÜR 1 PORTION À 200 G: 80 g Kürbis • 60 g rote, geschälte Linsen • 20 g Hähnchenbrustfilet • 1 TL Sonnenblumenöl • 1/3 TL gemahlener Kreuzkümmel

1. Den Kürbis waschen und schälen, die Kerne entfernen.

2. Das Fruchtfleisch würfeln.

3. Die Linsen unter fließendem Wasser abspülen und gut abtropfen lassen. Linsen und Kürbis in einem Topf mit viel Wasser bedecken, umrühren, zum Kochen bringen und 15 Minuten köcheln lassen.

4. Das Fleisch in kleine Stücke schneiden, diese in der Pfanne im Öl anbraten. Den Kreuzkümmel hinzufügen; weiterbraten, bis das Fleisch schön braun ist. Beiseitestellen.

5. Linsen und Kürbis abtropfen lassen, dabei etwas Kochflüssigkeit auffangen. Zusammen mit dem Hähnchenfleisch und eventuell etwas Kochflüssigkeit pürieren.

MAROKKO

Lammfilet mit Möhren, getrockneten Aprikosen und Couscous

Eine kulinarische Einführung in die Geschmackswelt Marokkos. Ihr Baby lernt verschiedene neue Gewürze kennen, die ihm ganz behutsam zusammen mit der Süße der getrockneten Aprikosen präsentiert werden. Da möchte man gleich mitessen!

ZUBEREITUNGSZEIT: 8 Minuten **GARZEIT:** 25 Minuten
FÜR 1 PORTION À 200 G: 2 Möhren (70 g) •
20 g Lammfilet • 1/4 Knoblauchzehe • 1 EL gehackte
Schalotte • 1 Prise Quatre-épices • 1 TL Olivenöl •
5 getrocknete Aprikosen • 50 ml Orangensaft •
50 ml feiner Grieß • 3 Korianderblätter

1. Die Möhren waschen, schälen und in Scheiben schneiden. Das Lammfleisch in Stücke schneiden.

2. In einer Pfanne das Fleisch zusammen mit Knoblauch, Schalotte und Quatre-épices in dem Öl anbraten. Möhren und Aprikosen hinzugeben, bis zur Hälfte mit Wasser aufgießen. Zugedeckt auf mittlerer Stufe 20 Minuten schmoren lassen.

3. Den Orangensaft in einem Topf zum Kochen bringen, dann sofort vom Herd nehmen. Den Grieß hineingeben, umrühren und zugedeckt 5 Minuten quellen lassen.

4. Die Lamm-Möhrenmischung vom Herd nehmen. Abtropfen lassen, dabei etwas Kochflüssigkeit auffangen. Gemüse, Lamm und Koriander pürieren, dabei das Lammfleisch ruhig ein wenig stückig belassen. Mit dem Grieß servieren.

LIBANON

Kichererbsen-Gurken-Püree mit Lamm und Kreuzkümmel

Ein Rezept voller Aromen, aufs Leckerste abgemildert durch die Frische der Gurke.

ZUBEREITUNGSZEIT: 7 Minuten GARZEIT: 15 Minuten
FÜR 1 PORTION À 200 G: 1/4 Salatgurke • 20 g Lamm-filet • 1/2 Knoblauchzehe • 1/2 Schalotte, fein gehackt • 1 TL Olivenöl • 100 g Kichererbsen aus der Dose • 1/4 TL Kreuzkümmel

1. Die Gurke waschen, schälen und würfeln. Das Fleisch in kleine Stücke schneiden.

2. Das Fleisch in einer Pfanne mit Knoblauch und Schalotte im Öl anbraten. Gurke und Kichererbsen hinzufügen, bis zur Hälfte mit Wasser aufgießen.

3. Auf mittlerer Stufe 10 Minuten schmoren. Vom Herd nehmen. Wenn zu viel Kochflüssigkeit verbleibt, alles bis auf 2 Esslöffel abgießen. Alles zusammen mit dem Kreuzkümmel und eventuell der Kochflüssigkeit pürieren.

(Foto oben)

LIBANON

Bohnen-Zucchini-Püree mit Lamm und Minze

Bei diesem erfrischenden libanesischen Gericht spürt man gleich, wie der Frühling anbricht!

ZUBEREITUNGSZEIT: 7 Minuten GARZEIT: 10 Minuten
FÜR 1 PORTION À 200 G: 20 g Lammfilet • 1/2 kleine Zucchini • 100 g dicke Bohnen, tiefgekühlt, geschält • 1 kleine Prise Salz • 1/4 Schalotte, fein gehackt • 1 TL Sonnenblumenöl • 3 frische Minzeblätter

1. Das Lammfleisch in Stücke schneiden. Die Zucchini waschen und würfeln.

2. Bohnen und Zucchini in einen Topf mit kochendem, leicht gesalzenem Wasser geben. Auf mittlerer Stufe 10 Minuten köcheln lassen. Abtropfen lassen und beiseitestellen.

3. Unterdessen in einer Pfanne das Fleisch und die Schalotte im Öl rundum anbraten.

4. Bohnen, Zucchini und Minze zum Lamm hinzugeben und alles noch einmal heiß werden lassen. Pürieren.

(Foto nebenstehend)

ANTILLEN

Mango-Paprika-Püree mit Lachs

Eine tolle Zusammenstellung: etwas Weiches, etwas Salziges, etwas Süßes, etwas Herzhaftes, dazu eine orangerote Farbmischung, die gute Laune macht und an Korallen erinnert. Für ein neugieriges Baby unwiderstehlich!

ZUBEREITUNGSZEIT: 10 Minuten **GARZEIT:** 15 Minuten
FÜR 1 PORTION À 200 G: 1/2 rote Paprika • 20 g Lachsfilet • 1 Prise Fleur de Sel • 1 EL gehackte Schalotte • 1 TL Sonnenblumenöl • 100 g tiefgekühlte Mango (oder 1/2 frische Mango), in Stücke geschnitten • 1 EL Tomatenmark

1. Den Backofen auf 210 °C vorheizen. Die Paprika waschen, entkernen und grob in Stücke schneiden.

2. Die Stücke auf ein mit Backpapier belegtes Backblech legen, auf oberster Schiene in den Ofen schieben und 5–7 Minuten backen, bis die Haut schwarz zu werden und sich abzulösen beginnt. Herausnehmen und abkühlen lassen.

3. Die Ofentemperatur auf 180 °C reduzieren, das Lachsfilet mit etwas Fleur de Sel bestreuen, auf das Backblech legen und für 4 Minuten in den Ofen schieben. Herausnehmen und beiseitestellen.

4. Die Paprikastücke häuten und würfeln. In einem Topf die Schalotte in dem Öl andünsten, dann Paprika, Mango, Lachs und Tomatenmark hinzufügen. Umrühren und 2–3 Minuten heiß werden lassen.

5. Pürieren und servieren.

SCHWEDEN

Lachs mit Spinat, Kartoffeln und Dill

Wir nehmen Kurs auf Schweden mit diesem vollwertigen, leckeren Essen: grünes Gemüse, Eiweiß und Stärke – was will man mehr?

ZUBEREITUNGSZEIT: 7 Minuten **GARZEIT:** 15 Minuten
FÜR 5 PORTIONEN À 200 G: 500 g Kartoffeln (Monalisa oder andere festkochende Sorte) • 100 g Lachsfilet • 300 g Bio-Spinat, tiefgekühlt, gehackt • einige Stängel Dill

1. Die Kartoffeln waschen, schälen und in Stücke schneiden.

2. In einem Topf mit Wasser bedecken und auf mittlerer Stufe 7 Minuten kochen lassen. Unterdessen den Lachs im Ofen oder in der Pfanne etwa 7 Minuten braten, oder so lange, bis er ganz durchgegart, aber noch nicht trocken ist.

3. Den Spinat zu den Kartoffeln geben und 7 Minuten mitköcheln lassen.

4. Das Gemüse vom Herd nehmen und abgießen, dabei die Kochflüssigkeit auffangen. Lachs und Dill sowie ggf. etwas Kochflüssigkeit hinzugeben und alles mit der Gabel zerdrücken, bis die gewünschte Textur erreicht ist.

Tipp
Die Kartoffeln nie mit dem Mixer pürieren – sie werden dann wie Klebstoff!

Meine liebsten
Abendmahlzeiten

Sternchennudeln mit Tomatensauce, Mozzarella und Basilikum

Mamma mia: Über diese schön weichen Nudeln freuen sich die Geschmacksknospen Ihres Babys.

ZUBEREITUNGSZEIT: 5 Minuten **GARZEIT:** 10 Minuten
FÜR 1 PORTION À 250 G: 10 Kirschtomaten •
1/4 Kugel Büffelmozzarella • 1 TL fein gehackter
Knoblauch • 1 EL Olivenöl • 70 g Sternchennudeln •
6 Basilikumblätter, gehackt

1. Die Tomaten waschen und halbieren. Den Mozzarella in kleine Stücke schneiden.

2. Den Knoblauch in einer Pfanne im Öl andünsten. Die Tomaten hinzugeben und auf mittlerer Stufe 7–8 Minuten mitdünsten.

3. Den Käse hinzugeben und das Ganze weitere 2 Minuten köcheln lassen. Vom Herd nehmen und pürieren, falls das Baby noch keine Stückchen mag.

4. Die Nudeln kochen, abgießen und mit der Tomatenmischung vermengen. Mit dem Basilikum bestreuen.

(Foto nebenstehend)

Sternchennudeln mit verstecktem Gemüse

Lecker und schlau: In der Nudelsauce verstecken sich nicht weniger als 5 verschiedene Gemüsesorten!

ZUBEREITUNGSZEIT: 10 Minuten **GARZEIT:** 15 Minuten
FÜR 1 PORTION À 250 G: 2 Tomaten • 1/4 Möhre •
1/4 Selleriestange • 1/2 Zucchini • 1/4 Schalotte, fein
gehackt • 1 EL Olivenöl • 1/2 TL gehackter Thymian •
1 TL Tomatenmark • 70 g Sternchennudeln

1. Das Gemüse waschen und putzen, die Möhre schälen und alles in kleine Stücke schneiden.

2. Die Schalotte in einer Pfanne im Öl andünsten. Zucchini und Thymian hinzugeben und 2 Minuten mitdünsten. Das restliche Gemüse sowie 1 Glas Wasser und das Tomatenmark hinzufügen. 15 Minuten köcheln lassen.

3. Die Nudeln kochen, abgießen und beiseitestellen. Wenn das Gemüse gar ist, pürieren und mit den Nudeln vermengen.

(Foto oben)

Sternchennudeln mit Brokkoli-Ziegenkäse-Sauce

Dieses Rezept wurde von der sizilianischen Küche inspiriert, verhält sich aber rebellisch: Es ersetzt den traditionellen Parmesan durch Ziegenfrischkäse.

ZUBEREITUNGSZEIT: 5 Minuten **GARZEIT:** 10 Minuten
FÜR 1 PORTION À 250 G: 120 g Brokkoliröschen •
1 Prise Salz • 70 g Sternchennudeln • 1 TL gehackte
Schalotte • 1 EL Olivenöl • 2 EL Ziegenfrischkäse

1. Die Brokkoliröschen waschen und in kleine Stücke schneiden. In einem Topf leicht gesalzenes Wasser zum Kochen bringen und die Brokkoli darin etwa 8 Minuten köcheln lassen. Abgießen und beiseitestellen.

2. Unterdessen die Nudeln kochen, abgießen und beiseitestellen.

3. Die Schalotte in dem Topf im Öl andünsten. Wenn sie Farbe angenommen hat, die Brokkoliröschen zugeben und umrühren. Den Käse hinzugeben und schmelzen lassen.

4. Die Brokkoli-Käsemischung grob pürieren und mit den Nudeln vermengen.

(Foto auf S. 114)

Sternchennudeln mit Kürbis-Salbei-Sauce

Die Kombination von Kürbis mit Salbei schmeckt den italienischen Kindern bereits … und nun bestimmt auch den deutschen; besonders, wenn als weitere Leckerei auch noch Zimt hinzukommt!

ZUBEREITUNGSZEIT: 10 Minuten **GARZEIT:** 20 Minuten
FÜR 1 PORTION À 250 G: 200 g Kürbis • 1/2 TL gemahlener Zimt • 1 EL Sonnenblumenöl • 70 g Sternchennudeln • 1 Spritzer Zitronensaft • 3 Salbeiblätter •
1 TL Butter

1. Den Backofen auf 175 °C vorheizen.

2. Den Kürbis schälen, die Kerne entfernen, das Fruchtfleisch würfeln und mit dem mit Zimt vermischten Öl bepinseln. Auf einem mit Backpapier belegten Backblech für 20 Minuten in den vorgeheizten Ofen schieben.

3. Unterdessen die Nudeln kochen, abgießen und beiseitestellen.

4. Wenn der Kürbis gar ist, aus dem Ofen nehmen. Zusammen mit Zitronensaft, Salbei und Butter grob pürieren. Mit den Nudeln vermengen.

Sternchennudeln mit cremiger Erbsensauce

Eine lecker-cremige Gourmet-Kombination, die sich im Handumdrehen zubereiten lässt.

ZUBEREITUNGSZEIT: 2 Minuten **GARZEIT:** 10 Minuten
FÜR 1 PORTION À 250 G: 120 g Erbsen • etwas Salz • 2 EL Crème fraîche •
2 Estragonblätter • 70 g Sternchennudeln

1. Die Erbsen in einen Topf mit kochendem, leicht gesalzenem Wasser geben und zugedeckt 5 Minuten kochen lassen. Abgießen, dabei einige Esslöffel Kochflüssigkeit auffangen.

2. Crème fraîche, Estragon und eine kleine Prise Salz zugeben, alles noch einmal heiß werden lassen, dann pürieren.

3. Die Nudeln kochen und abgießen.

4. Die Nudeln zusammen mit der „Krokodilsauce" servieren.

Linsen-Tomaten-Püree mit mildem Curry und Basmatireis

Nährstoffreiche Linsen, ein milder Currygeschmack, der die Geschmacksknospen aufblühen lässt, duftender Basmatireis: ein reichhaltiges Dinner für kleine Maharadschas!

ZUBEREITUNGSZEIT: 10 Minuten **GARZEIT:** 25 Minuten
FÜR 1 PORTION À 250 G: 1/2 Möhre • 8 Kirschtomaten • 70 g rote, geschälte Linsen • 1 EL Tomatenmark • 40 g Basmatireis • 1/2 TL mildes Currypulver • 1 kleine Prise gemahlener Ingwer • 1 kleine Prise Kreuzkümmel

1. Die Möhre waschen, schälen und in Scheiben schneiden. Die Tomaten waschen und in Stücke schneiden.

2. Die Möhren in einem Topf mit dem Doppelten ihres Volumens an Wasser aufgießen und 5 Minuten köcheln lassen. Linsen, Tomaten und Tomatenmark zugeben und alles weitere 15 Minuten köcheln lassen.

3. Unterdessen den Reis kochen. Die Linsenmischung zusammen mit Currypulver, Ingwer und Kreuzkümmel pürieren und mit dem Reis servieren.

(Foto nebenstehend)

Tomaten-Bohnen-Püree mit Basmatireis

ZUBEREITUNGSZEIT: 10 Minuten **GARZEIT:** 18 Minuten
FÜR 1 PORTION À 250 G: 15 Kirschtomaten • 100 g weiße Bohnen • 1/2 TL gehackter Knoblauch • 1 EL Olivenöl • 1 Lorbeerblatt • 1/2 Würfel Gemüsebrühe • 40 g Basmatireis • 1 TL getrockneter Thymian

1. Das Gemüse waschen, die Bohnen enthülsen und alles in kleine Stücke schneiden.

2. Den Knoblauch in einer Pfanne im Öl andünsten. Tomaten, Bohnen und Lorbeerblatt hinzugeben, die Gemüsebrühe darüber bröseln und das Ganze mit Wasser bedecken. 15 Minuten köcheln lassen.

3. Unterdessen den Reis kochen.

4. Das Gemüse abtropfen lassen, das Lorbeerblatt entfernen, alles mit Thymian bestreuen und pürieren. Mit dem Reis servieren.

(Foto oben)

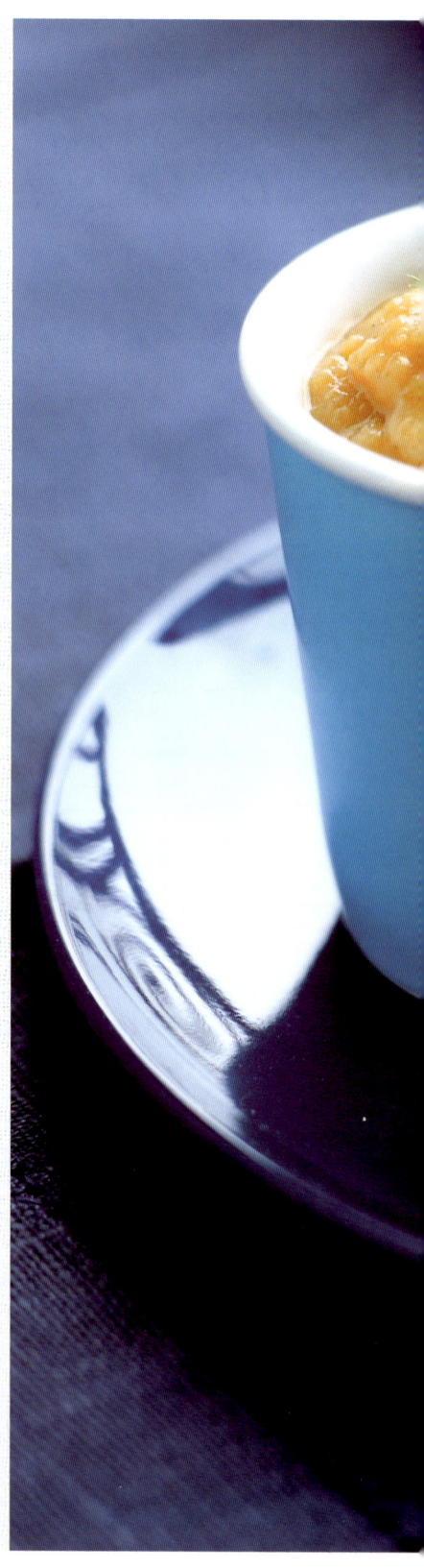

Möhren-Fenchel-Orangen-Püree mit Basmatireis

Dieses von Bollywood inspirierte Gericht freut besonders vegetarische Babys.

ZUBEREITUNGSZEIT: 10 Minuten **GARZEIT:** 20 Minuten
FÜR 1 PORTION À 250 G: 2 Möhren • 2 Fenchelknollen • 2 Orangen •
1 TL Kreuzkümmel • 70 g Basmatireis

1. Die Möhren waschen, schälen und in Scheiben schneiden. Den Fenchel waschen, von Strunkansatz und Stielen befreien und klein würfeln.

2. Die Orangen auspressen, das Fruchtfleisch zurückbehalten.

3. Den Orangensaft mit dem Fruchtfleisch in einem Topf zum Kochen bringen. Möhren, Fenchel, Kreuzkümmel und 1/2 Glas Wasser hinzugeben. Zugedeckt auf niedriger Stufe 20 Minuten köcheln lassen.

4. Unterdessen den Reis kochen.

5. Wenn Möhren und Fenchel gar sind, vom Herd nehmen und pürieren.

6. Mit dem Reis servieren.

Bohnen-Erbsen-Püree mit Parmesan-Polenta

Dieses Rezept ist reich an grünem Gemüse, Mineralstoffen, Vitaminen, Aromen ... und garantiert ohne Gluten! Polenta kann man außerdem prima mit den Händen essen.

ZUBEREITUNGSZEIT: 5 Minuten **GARZEIT:** 20 Minuten
FÜR 1 PORTION À 250 G: 100 g grüne Bohnen • 1/2 Würfel Gemüsebrühe •
1/2 Knoblauchzehe • 50 g Erbsen • 3 Basilikumblätter • Für die Polenta:
200 ml Milch • 1 Lorbeerblatt • 50 g Polenta • 20 g geriebener Parmesan

1. Die Bohnen waschen und putzen.

2. In einem Topf etwas Wasser mit der Brühe und der halben Knoblauchzehe zum Kochen bringen. Die Bohnen hinzugeben und 15 Minuten köcheln lassen. 5 Minuten vor Ende der Kochzeit die Erbsen hinzugeben.

3. Unterdessen in einem Topf die Milch mit dem Lorbeerblatt zum Kochen bringen. Das Lorbeerblatt herausnehmen, dann Polenta und Parmesan in die Milch geben. So lange rühren, bis ein cremiges Püree entstanden ist.

4. Das Gemüse abgießen, zusammen mit dem Basilikum pürieren und mit der Polenta servieren.

Ratatouille nach Baby-Art mit Parmesan-Polenta

Man spürt fast die milde südliche Luft und riecht den Duft von Thymian, Knoblauch und vor sich hin schmurgelnden Tomaten. Heute Abend reist Ihr Baby in die Provence!

ZUBEREITUNGSZEIT: 10 Minuten **GARZEIT:** 20 Minuten
FÜR 1 PORTION À 250 G: Für die Ratatouille: 1/2 Zucchini •
3 Tomaten • 1 Scheibe Aubergine • 1 kleine Prise Salz •
1/2 Knoblauchzehe • 1 TL gehackte Schalotte • 1 TL Olivenöl •
1 TL Tomatenmark • 1 kleine Prise getrockneter Thymian •
Für die Polenta: 30 g Polenta • 1 EL geriebener Parmesan

1. Das Gemüse waschen und würfeln. Die Auberginenwürfel in einer Schüssel 10 Minuten in Salzwasser einweichen, damit sie ihren bitteren Geschmack verlieren. Abtropfen lassen.

2. In einer Pfanne Knoblauch und Schalotte im Öl anbraten.

3. Gemüse, Tomatenmark und Thymian hinzugeben, umrühren, mit 100 Millilitern Wasser aufgießen und zugedeckt auf niedriger Stufe 15 Minuten köcheln lassen.

4. Für die Polenta 150 Milliliter Wasser in einem Topf zum Kochen bringen, dann sofort vom Herd nehmen und die Polenta kräftig einrühren.

5. So lange rühren, bis ein cremiges Püree entstanden ist.

6. Den Parmesan über die Polenta geben und untermengen. Mit der Ratatouille servieren.

Spinatbrei mit Quinoa und Muskatnuss

Wenn die Frische des Spinats auf die knackige, leicht nussig schmeckende Quinoa trifft, kann die ganze Familie nicht widerstehen – einschließlich derjenigen kleinen Gourmets, die Gluten nicht so gut vertragen.

ZUBEREITUNGSZEIT: 2 Minuten
GARZEIT: 15 Minuten
FÜR 1 PORTION À 250 G: 150 g Blattspinat, tiefgekühlt • 1/4 Würfel Gemüsebrühe • 50 g Quinoa • 1 frische Silberzwiebel • 1 TL Sonnenblumenöl • 1/4 TL gemahlene Muskatnuss

1. Den Spinat und die Brühe in einen Topf mit kochendem Wasser geben. 8 Minuten kochen lassen, dann abgießen.

2. Die Quinoa nach Packungsanweisung garen.

3. Die Zwiebel schälen und hacken, dann in einer kleinen Pfanne im Öl andünsten. Spinat und Muskatnuss hinzugeben und 2–3 Minuten mitdünsten, dann pürieren.

4. Zusammen mit der Quinoa servieren.

Süßkartoffelbrei mit Bulgur

ZUBEREITUNGSZEIT: 10 Minuten **GARZEIT:** 15 Minuten
FÜR 5 PORTIONEN À 100 G: 3 große Süßkartoffeln • 50 g Bulgur •
Saft von 1/2 Zitrone • 1 TL getrockneter Thymian

1. Die Süßkartoffeln waschen, schälen und in Stücke schneiden.

2. In einem Topf mit Wasser bedecken und auf mittlerer Stufe 15 Minuten köcheln lassen.

3. Unterdessen den Bulgur nach Packungsanweisung garen, abgießen und beiseitestellen.

4. Die Süßkartoffeln abgießen und mit der Gabel zerdrücken. Zitronensaft und Thymian hinzugeben und das Ganze so lange weiter zerdrücken, bis die gewünschte Konsistenz erreicht ist.

5. Den gekochten Bulgur hinzugeben, alles gut vermengen und servieren.

Tipp
Geben Sie den Zitronensaft erst nach dem Kochen hinzu, damit seine Vitamine erhalten bleiben.

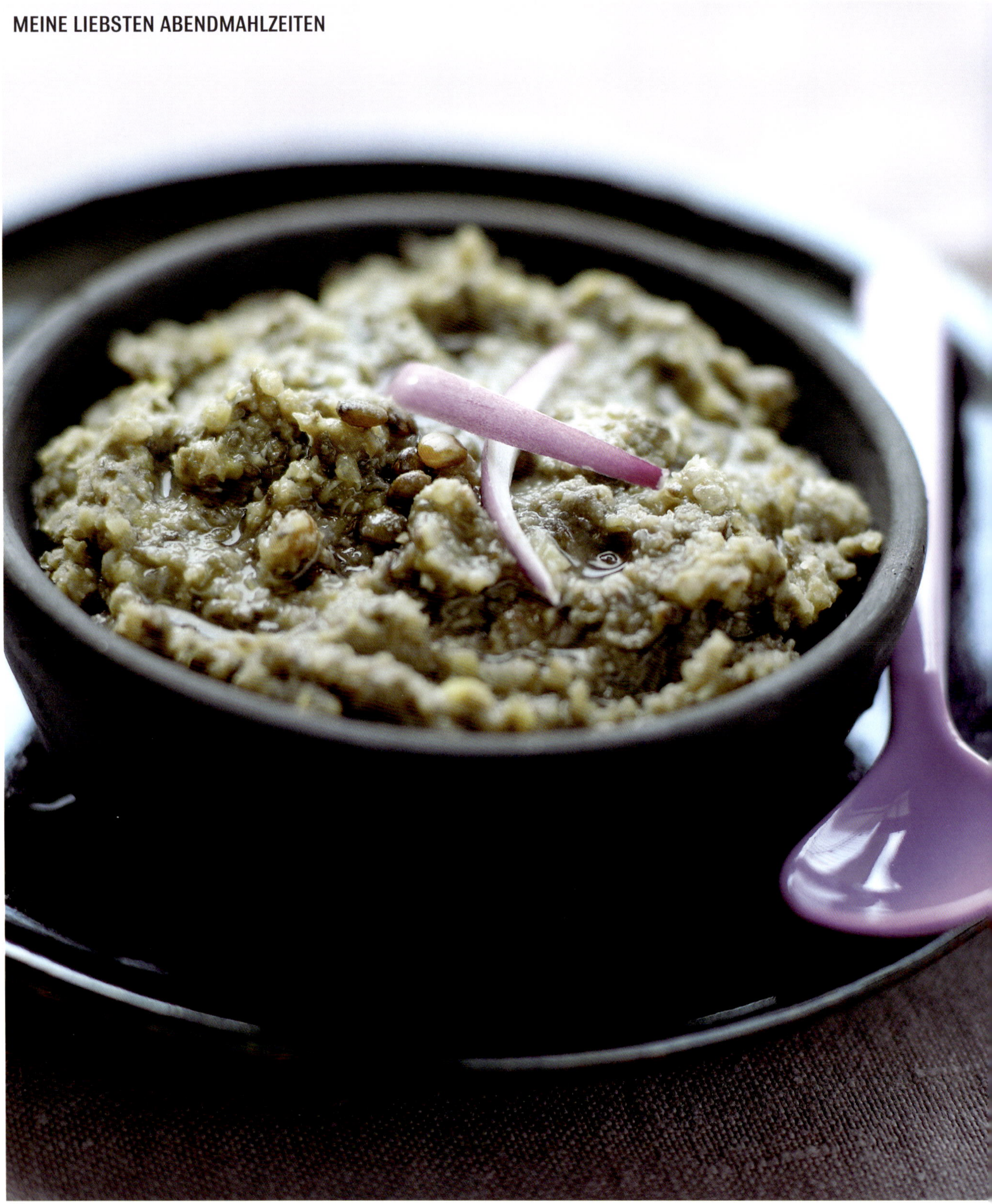

Tipp

Keine Zeit? Dann nehmen Sie vorgekochte Linsen. Es gibt sie tiefgekühlt oder als Gemüsekonserve.

Linsen-Kartoffel-Püree mit roter Zwiebel und Quinoa

ZUBEREITUNGSZEIT: 10 Minuten **GARZEIT:** 30 Minuten
FÜR 5 PORTIONEN À 100 G: 1 Kartoffel • 1/2 rote Zwiebel • 130 g grüne Linsen, ungekocht • 1 TL Olivenöl • 1 Lorbeerblatt • 50 g Quinoa

1. Die Kartoffel waschen, schälen und in Stücke schneiden. Die Zwiebel hacken. Die Linsen durchspülen.

2. Das Olivenöl in einem schweren Topf erhitzen, darin die Zwiebel glasig dünsten. Dann die Linsen und das Lorbeerblatt hinzugeben und mit viel Wasser bedecken. Zugedeckt auf mittlerer Stufe köcheln lassen.

3. Nach 15 Minuten Kochzeit die Kartoffelwürfel und die Quinoa hinzugeben. Zugedeckt weitere 10 Minuten köcheln lassen.

4. Überschüssige Kochflüssigkeit abgießen, aber auffangen, falls das Püree später zu trocken wird.

5. Das Lorbeerblatt herausnehmen, alles grob pürieren und servieren.

Paprika-Tomaten-Püree mit Parmesan-Polenta

Der sonnige Geschmack des Ofengemüses kommt durch das lange Garen so richtig zur Geltung. Und es macht Spaß, aus der Polenta Stäbchen zu formen, die man dann in den Brei tauchen kann …

ZUBEREITUNGSZEIT: 10 Minuten **GARZEIT:** 20 Minuten
FÜR 1 PORTION À 250 G: Für den Brei: 1/2 rote Paprika • 2 große Tomaten • 1 EL Olivenöl • Für die Polenta: 150 ml Milch • 30 g Polenta • 1 EL geriebener Parmesan

1. Den Backofen auf 180 °C vorheizen. Das Gemüse waschen, die Paprika entkernen und hacken, die Tomaten würfeln.

2. Das Gemüse auf einem mit Backpapier belegten Backblech ausbreiten und mit dem Olivenöl beträufeln. Auf mittlerer Schiene in den Ofen schieben und 20 Minuten sanft karamellisieren lassen.

3. Das Gemüse aus dem Ofen nehmen und pürieren.

4. Für die Polenta die Milch in einem Topf zum Kochen bringen, dann sofort vom Herd nehmen. Polenta und Parmesan einrühren.

5. So lange kräftig rühren, bis ein cremiges Püree entstanden ist.

6. Mit dem Gemüsebrei servieren.

Gemüsebrei mit feinem Grieß

ZUBEREITUNGSZEIT: 10 Minuten **GARZEIT:** 15 Minuten
FÜR 1 PORTION À 250 G: 10 Kirschtomaten • 1/2 Zucchini • 1 Scheibe
Aubergine • 1 kleine Prise Salz • 1/2 TL gehackter Knoblauch •
1 TL Olivenöl • 1/2 TL getrockneter Thymian • 1/4 Würfel Gemüsebrühe • 1 kleine Prise Salz • 50 ml feiner Grieß

1. Das Gemüse waschen, putzen und würfeln. Die Auberginenwürfel in
einer Schüssel 10 Minuten in Salzwasser einweichen, damit sie ihren
bitteren Geschmack verlieren. Abtropfen lassen.

2. Den Knoblauch in einer Pfanne im Olivenöl andünsten. Zucchini und
Aubergine hinzugeben und umrühren. Tomaten, Thymian, 1/2 Glas
Wasser und die Brühe hinzugeben und das Ganze zugedeckt 15 Minu-
ten köcheln lassen.

3. Unterdessen 50 Milliliter leicht gesalzenes Wasser zum Kochen bringen. Vom Herd nehmen und den Grieß einrieseln lassen. Zugedeckt
5 Minuten quellen lassen.

4. Das Gemüse pürieren. Den Grieß mit der Gabel etwas auflockern und
mit dem Gemüse servieren.

Möhren-Pfirsich-Püree mit feinem Grieß

Ein leckeres vegetarisches Gericht, das von orientalischen Tajines inspiriert wurde. Durch die saftigen Pfirsiche und den mit Orangensaft zubereiteten Grieß schmeckt es außerdem schön fruchtig.

ZUBEREITUNGSZEIT: 10 Minuten
GARZEIT: 15 Minuten
FÜR 1 PORTION À 250 G: 3 Möhren • 2 reife Pfirsiche • 1 Orange • 1/4 Schalotte, fein gehackt • 1 TL Sonnenblumenöl • 1 kleine Prise Salz • 50 g feiner Grieß • 1 kleine Prise Kreuzkümmel

1. Möhren und Pfirsiche waschen; die Möhren schälen und in Scheiben schneiden. Die Pfirsiche häuten und vierteln. Die Orange auspressen.

2. Die Schalotte in einer Pfanne im Öl andünsten. Die Möhren hinzugeben, bis zur Hälfte mit leicht gesalzenem Wasser aufgießen und 15 Minuten köcheln lassen.

3. Unterdessen den Orangensaft in einem Topf zum Kochen bringen. Vom Herd nehmen, den Grieß einrieseln lassen und zugedeckt 5 Minuten quellen lassen. Mit einer Gabel auflockern.

4. Die Möhren abgießen, Pfirsiche und Kreuzkümmel hinzugeben und alles noch einmal 1 Minute heiß werden lassen. Pürieren und mit dem Grieß servieren.

Meine liebsten
Desserts

Couscous mit getrockneten Aprikosen und Zimt

Oh ja: Das ist ein Dessert!

ZUBEREITUNGSZEIT: 10 Minuten **GARZEIT:** 10 Minuten
FÜR 5 PORTIONEN À 100 G: 125 g Grieß • 100 g getrocknete Aprikosen • 200 ml Orangensaft •
1 TL gemahlener Zimt

1. Den Grieß nach Packungsanweisung zubereiten und beiseitestellen.

2. Die getrockneten Aprikosen in einem Topf mit dem Orangensaft aufgießen, den Zimt hinzugeben und alles auf niedriger Stufe 10 Minuten köcheln lassen. Pürieren.

3. Das Aprikosenkompott zum Grieß geben. Ist das Ganze zu trocken, noch etwas Orangensaft unterrühren.

4. Lauwarm servieren.

(Foto nebenstehend)

Milchreis mit Datteln und Orange

Sollte sofort verzehrt werden und lässt sich nicht einfrieren.

ZUBEREITUNGSZEIT: 5 Minuten **GARZEIT:** 15 Minuten
FÜR 1 PORTION À 100 G: 20 g Rundkornreis • 60 ml
Milch • 1 Orange • 3 Datteln • 2 TL Vanillezucker

1. Den Reis so lange auf niedriger Stufe in der Milch köcheln lassen, bis eine cremige Konsistenz entstanden ist.

2. Unterdessen mit einem spitzen Messer das Fruchtfleisch aus der Orange herausschneiden. Die Datteln entsteinen und in kleine Stücke schneiden.

3. Den Reis vom Herd nehmen, Vanillezucker und Datteln hinzugeben und etwas abkühlen lassen.

4. Mit dem Orangenfruchtfleisch auf einem Teller anrichten.

(Foto oben)

Rhabarberkompott mit Vanillemilch

ZUBEREITUNGSZEIT: 5 Minuten
GARZEIT: 15 Minuten
5 PORTIONEN À 100 G: 500 g Rhabarber •
1 Apfel der Sorte Golden Delicious •
3 EL Zucker • Für jede Portion: Milch •
Vanillezucker

1. Das Obst waschen und schälen, den Apfel entkernen und alles in Stücke schneiden.

2. In einen Topf geben, bis zur Hälfte mit Wasser aufgießen, den Zucker hinzugeben und alles zugedeckt auf niedriger Stufe 15 Minuten köcheln lassen. Darauf achten, dass die Kochflüssigkeit zähflüssiger wird, sonst wird das Kompott zu flüssig. Wenn dem so ist, einfach etwas Wasser abschöpfen!

3. Das Kompott vom Herd nehmen, pürieren und mit der kalten, mit Vanillezucker verrührten Milch servieren.

Brombeer-Bananen-Brei

ZUBEREITUNGSZEIT: 1 Minute **GARZEIT:** 10 Minuten
FÜR 5 PORTIONEN À 100 G: 600 g frische Brombeeren • 1 halbe Banane

1. Die Brombeeren waschen, die Banane schälen.

2. Das Obst in einem Topf bis zur Hälfte mit Wasser aufgießen und zugedeckt auf niedriger Stufe 10 Minuten köcheln lassen.

3. Pürieren.

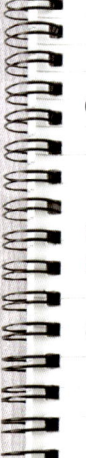

Tipp

Dieses Rezept ist ideal für den Morgen. Größere Kinder, die Haferflocken noch nicht kennen, gewöhnen sich oft nur schwer an den Geschmack. Daher empfehle ich, dieses Essen schon dem 8 Monate alten Baby anzubieten, damit es ihm zur Gewohnheit wird – und es diese gute Gewohnheit ein Leben lang beibehält!

Haferflocken mit Vanilleapfel

Diese Leckerei sollte sofort verzehrt werden; die Zutaten reichen für eine Portion.

ZUBEREITUNGSZEIT: 5 Minuten **GARZEIT:** 15 Minuten
1 kleiner Apfel • 250 ml Milch • 100 ml Haferflocken • 1 EL Zucker •
1/2 TL Vanillepulver

1. Den Apfel waschen, schälen, entkernen und in sehr kleine Stücke schneiden.

2. Milch, Apfelstücke, Haferflocken, Zucker und Vanille in einen Topf geben und auf niedriger Stufe 10–15 Minuten köcheln lassen.

3. Wenn Haferflocken und Apfel schön weich sind, vom Herd nehmen und gründlich mit einer Gabel zerdrücken.

4. Lauwarm servieren.

Milch-Smoothie mit Beeren und Kleie

Dieses Dessert sollte sofort verzehrt werden; die Zutaten reichen für eine Portion.

ZUBEREITUNGSZEIT: 5 Minuten
FÜR 1 PORTION À 200 ML: 50 g Beeren (Erdbeeren, Himbeeren, Blaubeeren ...) • 150 ml Milch • 1 TL Vanillezucker • 1 TL Haferkleie

1. Die Beeren waschen und putzen.

2. Beeren, Milch und Zucker in eine Schüssel geben und pürieren.

3. Die Kleie hinzugeben und das Ganze einige Minuten ruhen lassen. Vor dem Servieren gut durchrühren.

Tipp

Die Kleie gibt dem Smoothie eine sämigere Konsistenz und versorgt ihn außerdem mit Ballaststoffen und Spurenelementen.

Baby-Müsli mit Datteln und Milch

Das Müsli kann im Voraus zubereitet werden; Milch und Datteln kommen direkt vor dem Servieren hinzu.

ZUBEREITUNGSZEIT: 5 Minuten **GARZEIT:** 25 Minuten
FÜR 500 G BABY-MÜSLI: 150 g Haferflocken • 150 g gepuffte Quinoa •
150 g Dinkelflakes • 2 EL Leinsamen • 2 EL flüssiger Honig •
Zum Servieren für 1 Portion: 3 Datteln, entsteint und in sehr kleine
Stücke geschnitten • Milch

1. Den Backofen auf 180 °C vorheizen.

2. Die Getreideflocken und Leinsamen in einer Schüssel mit dem Honig vermengen, bis alle gut überzogen sind.

3. Ein Backblech mit Backpapier belegen, die mit Honig bedeckten Zutaten darauf ausbreiten und für 25 Minuten in den Ofen schieben, bis das Müsli goldbraun und knusprig wird.

4. Aus dem Ofen nehmen und auf dem Blech auskühlen lassen.

5. Das Müsli grob im Mixer zerkleinern, bis die gewünschte Konsistenz erreicht ist. Es lässt sich in einem luftdichten, vor Licht und Feuchtigkeit geschützten Behälter lange konservieren.

6. Das Müsli mit den Datteln und kalter Milch servieren.

Erdbeer-Wassermelonen-Kompott mit Basilikum

ZUBEREITUNGSZEIT: 7 Minuten
FÜR 5 PORTIONEN À 100 G: 300 g Erdbeeren •
250 g Wassermelone • 3–4 Basilikumblätter

1. Die Erdbeeren waschen und putzen; die Melone waschen und entkernen; alles in Stücke schneiden.

2. Zusammen mit dem Basilikum pürieren und ganz frisch servieren!

(Foto nebenstehend)

Nektarinen-Melonen-Kompott mit Melisse

ZUBEREITUNGSZEIT: 5 Minuten
FÜR 5 PORTIONEN À 100 G: 300 g Nektarine •
200 g Cantaloupe-Melone • 3–4 Melisseblätter

1. Das Obst waschen und schälen. Die Nektarinen entsteinen, die Melone entkernen.

2. Das Fruchtfleisch in Stücke schneiden und zusammen mit den Melisseblättchen pürieren.

(Foto auf S. 140)

Leckere Obstpürees für meine Milchspeisen

8 leckere und gesunde Obstzubereitungen, die Joghurt, Quark und andere Milchspeisen versüßen.

Mango-Bananen-Püree

FÜR 1 PORTION: 1/2 Banane • 100 g Mango-Fruchtfleisch

Die Früchte in Stücke schneiden und zu einem glatten Brei pürieren.

Erdbeer-Zitronen-Püree mit Rohrzucker

FÜR 1 PORTION: 150 g Erdbeeren, gewaschen und geputzt • 1 TL Zitronensaft • 1 TL Rohrzucker

Alle Zutaten zu einem glatten Brei pürieren.

Pfirsichpüree mit Minze

FÜR 1 PORTION: 2 Pfirsiche, geschält und entsteint • 3 Minzeblätter

Alle Zutaten zu einem glatten Brei pürieren.

Melonenpüree mit Basilikum

FÜR 1 PORTION: 150 g Fruchtfleisch einer Honigmelone ohne Kerne • 3 Basilikumblätter

Alle Zutaten zu einem glatten Brei pürieren.

Himbeer-Wassermelonen-Püree

FÜR 1 PORTION: 50 g Himbeeren • 100 g Fruchtfleisch einer Wassermelone ohne Kerne

Alle Zutaten zu einem glatten Brei pürieren. Falls nötig, das Püree durch ein Sieb streichen, um die kleinen Kerne der Himbeeren zu entfernen.

Orangen-Ananas-Püree mit Fenchelsamen

FÜR 1 PORTION: 500 ml frisch gepresster Orangensaft • 100 g Ananasfruchtfleisch

Alle Zutaten zu einem glatten Brei pürieren. Wenn das Baby die Fasern der Ananas nicht so gern mag, vor dem Servieren durch ein Sieb streichen.

Pflaumenpüree mit Rote Bete und Granatapfelsaft

FÜR 1 PORTION: 30 g gekochte Rote Bete • 70 g Pflaumen, entsteint • 500 ml Granatapfelsaft

Alle Zutaten zu einem glatten Brei pürieren.

Apfel-Johannisbeer-Püree mit Vanille

FÜR 1 PORTION: 1 Apfel der Sorte Golden Delicious, geschält, entkernt und gewürfelt • 30 g schwarze Johannisbeeren • Mark von 1 Vanilleschote

Alle Zutaten zu einem glatten Brei pürieren. Falls nötig, das Püree durch ein Sieb streichen, um die kleinen Kerne der Johannisbeeren zu entfernen.

Register

Fotonachweis

MIX
Papier aus verantwor-
tungsvollen Quellen
FSC® C107529
FSC
www.fsc.org

Was mein Baby mag
© 2014 Tandem Verlag GmbH
Alle Rechte vorbehalten

© für die Originalausgabe
Mon bébé aime tout
© 2011 Editions Marie Claire-Société d'Information et Créations (SIC)

This translation of "MON BÉBÉ AIME TOUT" first published in France is
published by arrangement with Silke Bruenink Agency, Munich, Germany.

Alle Rechte vorbehalten

Übersetzung aus dem Französischen: writehouse, Köln/Katrin Höller
Lektorat/Redaktion: writehouse, Köln/Kerstin Thürnau
Satz und Produktion: InterMedia, Ratingen
Umschlaggestaltung: Marlies Müller
Gesamtherstellung: Tandem Verlag GmbH, Potsdam

ISBN 978-3-8427-0804-4

10 9 8 7 6 5 4 3 2 1